Roswitha Gemke

Schule ist schön

Roswitha Gemke

Schule ist schön

Anregungen und Tipps
für eine gute Schulzeit

Kreuz

Bis zum Himmel und zurück
für Laura, Louis & Philip
und dem wunderbaren Mann an meiner Seite

Bibliografische Information der Deutschen Bibliothek
Die Deutsche Bibliothek verzeichnet diese Publikation in der
Deutschen Nationalbibliografie; detaillierte bibliografische Daten
sind im Internet über http://dnb.ddb.de abrufbar.

© 2009 Verlag Kreuz GmbH
Postfach 80 06 69, 70506 Stuttgart

www.kreuzverlag.de

Alle Rechte vorbehalten
Umschlaggestaltung: [rincón]² medien GmbH
Umschlagbild: © Boden/Ledingham/Masterfile
Foto: © Nina Stiller
Satz: de·te·pe, Aalen
Druck: CPI – Clausen & Bosse, Leck

ISBN 978-3-7831-3252-6

Inhalt

12. Sie können das!

157

Im zwölften Kapitel gibt es einen kleinen PISA-Test
für Eltern. Sie können Ihre Gedanken zum eigenen
Eltern-Selbstvertrauen schweifen lassen.
Es geht um die Angst, etwas falsch zu machen,
und um die Verwechslungsgefahr zwischen
Eltern-Selbstbewusstsein und Perfektionismus.

Einladung

Jedes Kind hat nur eine Schulzeit! – Können Sie sich vorstellen, gerne und erfolgreich Ihrer Arbeit nachzugehen, während alle alles daran schlecht machen?»Schule ist doof. Die Lehrer sind doof. Und PISA, PISA, PISA«, hören wir und hören unsere Kinder tagaus tagein. Auch viele Eltern schimpfen privat und oft aus guten Gründen ausgiebig über die Schule, und alle Beteiligten sind längst daran gewöhnt. Aber was muten wir da unseren Töchtern und Söhnen eigentlich zu? Ich meine: So dürfen wir mit dem Thema Schule nicht weiter umgehen – privat nicht und öffentlich nicht. Denn so schaden wir unseren Kindern. Machen wir es anders! Es ist an der Zeit, trotz aller Kritik am bestehenden Schulsystem auch wieder einen positiven Blick auf die Schule zu werfen: Ich möchte Sie einladen, Schule gemeinsam mit mir mit dem »Schule ist schön-Blick« zu betrachten – damit die Schulzeit auch mit den Strukturen, die wir zurzeit vorfinden, eine gute Zeit für unsere Kinder werden kann.

Wir Eltern können vieles dafür tun. Die beiden ersten Kapitel lenken die Aufmerksamkeit auf unsere grundsätzliche Haltung zur Schule.

Ab dem dritten Kapitel geht es – mit dem »Schule ist schön-Blick« – um die zentralen Themen, die uns durch unsere Schulkinder immer wieder begegnen: um Vertrauen und Selbstvertrauen, um das Wie und Wie viel von Lernen, um den Stress mit den Hausaufgaben natürlich, auch um die vielen Ängste, die unsere Kinder im Zusammenhang mit Schule erleben, um gute und »doofe« Lehrer und Konflikte mit ihnen, um die Pubertät, auch darum, was Ihr Kind eigentlich erreichen kann, will oder soll – eben um alles, was uns Eltern täglich begegnet, von der Einschulung bis zum letzten Schultag.

Vielleicht haben Sie dieses Buch zur Einschulung geschenkt bekommen. Oder Sie haben bereits ein älteres Schulkind oder mehrere, und ein Schulwechsel steht bevor. Oder Sie machen sich aus konkretem Anlass Sorgen und haben sich dieses Buch als Orientierungshilfe für anstehende Entscheidungen gekauft. Vielleicht hat Sie aber auch der Titel angesprochen und erfüllt eine Sehnsucht in Ihnen, dass Sie die Schulzeit Ihres Kindes positiv und mit Liebe betrachten möchten?

Mit den zahlreichen Tipps, Strategien und Anregungen, die ich Ihnen hier anbiete, möchte ich dabei helfen, dass Schule schön sein kann, auch schon jetzt, bevor irgendwelche Reformen diskutiert und durchgeführt wurden. Viele der Erfahrungen aus meiner therapeutischen Arbeit und auch als Mutter von 16-jährigen Drillingen habe ich beispielhaft eingebunden in die Darstellung der Fragen. Bei der Auswahl der Tipps und Hinweise, die ich gebe, habe ich mich vor allem von einem Kriterium leiten lassen: Ist der Tipp oder die Anregung einfach umsetzbar, bietet der Hinweis tatsächlich Sofort-Hilfe für Eltern und Kinder?

Bitte betrachten Sie dieses Buch nicht als einen Ratgeber, den Sie von vorne nach hinten »durcharbeiten« müssen. Die Kapitel sind so aufgebaut, dass sie auch einzeln lesbar sind. Schlagen Sie also getrost zuerst das Kapitel auf, zu dessen Thema Sie im Moment Entlastung oder Ermutigung suchen. Wählen Sie dann aus, welche der Lösungen Sie ausprobieren möchten: Bei all dem geht es nicht darum, dass wir als Eltern perfekt werden, sondern darum, mit guten und selbstbewussten Gefühlen uns selbst zu stärken und unseren Kindern das nötige Rückgrat für ein gutes Leben mitzugeben.

Ich wünsche Ihnen eine anregende Lektüre, viel Spaß und Erfolg beim Ausprobieren … und Ihrem Kind und Ihnen eine gute Schulzeit!

Roswitha Gemke
November 2008

1. Schule ist schön!

Zuerst und vor allem geht es um den Respekt vor der Arbeit Ihres Kindes. Außerdem spielt die Frage »Na, wie war's in der Schule?« eine Rolle.

»Guten Morgen, jetzt ist es aber wirklich höchste Zeit aufzustehen, du musst zur Schule! … Komm, es wird schon nicht so schlimm werden, und wenn dir die Mathehexe wieder blöd kommt, dann raste nicht gleich aus, wir haben nächste Woche Elternabend.« Headline in der Tageszeitung: »Schulleiter gibt auf. Versagt unser Schulsystem?« Mittags: »Mama, der hat unangekündigt eine Arbeit geschrieben. Und wir haben so viel auf. Das ist ungerecht!« – »Lass mal sehen, nein, so geht das ja nicht! … Aber wenn du jetzt nicht lernst, wirst du niemals einen vernünftigen Beruf …« Abends in den Nachrichten Berichte darüber, wie schlecht die deutschen Schüler mal wieder bei PISA abgeschnitten haben; Politikerstreit, ob sich Eltern, Lehrerinnen und Lehrer oder Schulpsychologinnen mehr um die Randgruppenkinder kümmern müssen; dann die Talkshow: »Was tun mit unseren Lehrern?« Ein Schulleiter berichtet, dass er sein gesellschaftliches Ansehen zwischen dem eines Drogendealers und Zuhälters empfinde.

Unsere Kinder, wir Eltern und die Lehrerinnen und Lehrer hören von morgens bis abends, wie schlecht Schule, das Schulsystem insgesamt ist: PISA-Desaster, G8, Sackgasse Hauptschule, Gewalt an Schulen, unfähige und überforderte Lehrerinnen und Lehrer, überfrachtete Lehrpläne, hilflose Eltern. Es wird geforscht, diskutiert und gestritten. Regelmäßig ist»Schule« eines der Top-Wahlkampfthemen. Der Leidensdruck ist erheblich: Alle, die mit Schule zu tun haben, wollen, dass sich was ändert, aber es scheint sich nichts zu ändern. Trotzdem wird erwartet, dass die Kinder endlich besser in der Schule werden, gute Noten schreiben, einen Abschluss machen – um überhaupt eine Chance im Leben zu haben.

Stellen wir uns einmal vor, wir gingen jeden Morgen zur Arbeit an einen Ort, über den wir häufig so viel Negatives hören. Wäre es uns dann möglich, dass wir uns mit dieser Arbeit identifizieren, gerne dort hingehen und einen guten Job machen?

Genau das muten wir unseren Kindern zu. Wir, das sind wir Eltern von Schulkindern, Lehrer, Politiker, Journalisten. Wir, das sind alle, die das Bild von Schule und die Einstellung zur Schule prägen – und dadurch auch die Schule selbst mit prägen.

Zeigen wir Respekt vor der Arbeit unserer Kinder!

Wir wünschen unseren Kindern eine glückliche Schulzeit und dass sie ihre Schule mögen. Dafür ist es wichtig, dass wir selber einen Moment über unsere Haltung zum Lernen und zur Schule nachdenken.

Denn unterstützen können wir nur das, was wir auch als positiv betrachten, vorleben und vermitteln. Nicht nur im Sinne eines guten Vorbildes – nein, auch indem wir uns selbst ernst nehmen und achten und dann auch das Kind in seiner Arbeit schätzen können. Wenn wir selber glauben, dass man in der Schule bloß »Quark« lernt und der Schulbesuch nicht viel bringt, wie soll dann Ihr Kind es für sinnvoll erachten, dort hinzugehen?

Wenn wir Erwachsenen uns zum Beispiel im Beisein der Kinder und über deren Köpfe hinweg ungefiltert über die mangelnden Kompetenzen der Lehrerin und über die schlechten Notendurchschnitte auslassen und darüber, dass wir von dieser Schule nichts halten und dass die Schule per se schlecht ist – dann halten wir unsere Kinder, sicher unbeabsichtigt, davon ab, eine positive Einstellung zu ihrer Schule zu entwickeln. Denn wir nehmen ihnen die Chance, sich mit ihrer »Arbeit«, der Schule, positiv zu identifizieren.

Zwei Mütter treffen sich beim Abholen der Kinder an der Schule. Kurz darauf sind sie in ein angeregtes Gespräch vertieft. Ihre Kinder, Tim und Lisa, sind befreundet und gehen in die zweite Klasse. Bei solch günstigen Gelegenheiten gibt es für die Mütter immer einiges zu besprechen. Die Kinder kennen das bereits und stehen zunächst geduldig daneben.

»Sag mal, hat Tim gestern auch so lange für seine Hausaufgaben gebraucht? ... Wie fandest du denn den Elternabend? ... Hat Lisa schon erzählt, dass vor den Ferien eine Übernachtung in der Schule geplant ist? Na, ob das was wird? Die Bauer, die ist doch sowieso ständig krank. Mensch, letzte Woche da war sie doch auch schon wieder drei Tage nicht da ...« Die beiden Mütter unterbrechen ihr Gespräch, als Lisa und Tim deutlich machen, dass sie nach Hause wollen. Beiläufig nimmt Lisas Mutter den Schulranzen, den Lisa ihr entgegenhält, und sackt unvermittelt mit dem Oberkörper ein wegen des unerwarteten Gewichts. »Meine Güte! Ist der schwer!«, sie wendet sich im Gespräch wieder der anderen Mutter zu: »Na typisch, Frau Bauer hat schon wieder nicht drauf geachtet, dass die Kinder die Bücher, die sie nicht brauchen, rauspacken! Boahh! Heb den mal hoch, wie schwer der ist. Das gibt's doch nicht!« Die beiden Kinder zerren ihre Mütter am Ärmel und wollen nach Hause. So bleibt das Gespräch so stehen, und Lisas Mutter zieht kopfschüttelnd mit Lisa an der einen Hand und dem schweren Ranzen an der anderen Hand von dannen.

Wir sind es so gewohnt, den Kopf über die Schule zu schütteln, dass solche Situationen leicht geschehen. Den Beteiligten ist oft gar nicht klar, was sie damit bei den Kindern anrichten und dass wir den Kindern und uns selbst damit die Chance nehmen, Missstände im Kleinen zu verändern. Stellen wir uns die Ranzen-Szene mit einer anderen Haltung vor: Ohne dass die Mütter sich im Beisein der Kinder vorab über die Unzuverlässigkeit und den Krankenstand der Lehrerin ausgelassen hätten, ist eine solche Reaktionen denkbar:

»Mensch, jetzt bin ich fast umgefallen, so schwer finde ich deinen Ranzen. Lisa, ist er dir nicht zu schwer?...Was können wir denn da tun? Hast du vergessen, die Bücher rauszunehmen? Hat Frau Bauer vielleicht auch vergessen, euch daran zu erinnern? Sollen wir noch mal schnell hingehen und es ihr sagen, damit sie da wieder dran denkt, oder willst du ihr das morgen selbst sagen?...«

Der Schulbesuch ist die Arbeit ihres Kindes. Ähnlich wie das für Sie bei Ihrer eigenen Erwerbsarbeit und der Hausarbeit wichtig ist, gebührt auch dem Kind dafür Anerkennung und Respekt. Morgens rechtzeitig aufzustehen gehört ebenso zu den Erfordernissen wie die Tatsache, dass es neben den inhaltlichen Lernaufgaben auch den sozialen Anforderungen mit den Mitschülern und Mitschülerinnen gerecht werden muss. Es hat Hausaufgaben, muss stillsitzen und lernen, Bedürfnisse zurückzustellen, muss mit der Erfahrung fertig werden, weniger als zu Hause beachtet zu werden, und auch mal aushalten, dass andere vielleicht mehr Beachtung bekommen. Es muss den Mut finden, sich vor einer Gruppe zu äußern, es wird mit Ungerechtigkeiten, die die Lehrerin vielleicht gar nicht bemerkt, umgehen müssen, und bestimmt gibt es auch mal Enttäuschungen und Missverständnisse mit einer Schulfreundin. Ihr Kind muss nicht nur die Schultasche tragen, sondern zunehmend auch die Verantwortung für seine Schul-»Arbeit«.

Sie kennen Ihr Kind inzwischen sehr genau, denn mit der Geburt wird bei uns noch kein Kind eingeschult. Sie sind also die

Expertin bzw. der Experte für Ihr Kind. Sie werden ein Gespür dafür haben, ob Ihr Kind gerne zur Schule geht oder ob Sie etwas verändern möchten, damit Sie Ihrem Kind die ermunternde, Halt gebende Zuversicht geben können, die es braucht. Betrachten Sie dieses Buch gerne als eine Sammlung von Ideen, aus denen Sie sich diejenigen Anregungen heraussuchen, die Ihnen und Ihrem Kind konkret helfen könnten, damit Schule schön wird. Dies ist keiner jener Ratgeber, aus dem Sie Punkte abarbeiten müssen. Das baut nur neuen Druck auf.

Wir Eltern können täglich sehr viel dazu beitragen, dass unsere Kinder ihre Arbeit und ihren Arbeitsplatz mögen und versuchen, das Beste daraus zu machen und erfolgreich zu arbeiten. Vieles liegt an der Schule im Argen, und viele Menschen arbeiten engagiert daran, dass sich Bedingungen verändern, Lehrer besser auf ihre Aufgabe vorbereitet werden, Wände eingerissen

Jammern und warten: Worauf?

Ein Beispiel aus unserem Dorf: Eine Ampel wurde durch die Initiative und Spenden von Bürgern angeschafft, anstatt sich zehn Jahre aufzuregen, dass Politiker es nicht hinbekommen. Ich sehe noch den Artikel in der Zeitung: »Dorf kauft Ampel!« Muss ich mich schämen, ist das unpolitisch? Nein! Ich bin stolz, mit meiner Spende dazu beigetragen zu haben, dass an der Hauptstraße, die das Dorf zweiteilt, kein Kind totgefahren werden musste – bevor diese sinnvolle Schulwegsicherung aufgestellt wurde.

Dieses Beispiel soll bitte nicht als Plädoyer für privat finanzierte Schulverbesserung verstanden werden. Sondern als Ermutigung, dort, wo wir etwas Gutes für unsere Kinder tun können, das sofort zu tun – ganz gleich, mit welchen Mitteln, und notfalls eben auch mit privaten. Im Bild des Ampelbeispiels: besser ein Spendenglück als ein Unglück!

und Räumlichkeiten verändert werden. Schule braucht per se eine andere Struktur, damit sie in geeigneten Formen ein Lernen zulässt, in dem unsere Kinder den Raum haben, ihre eigenen Fragen zu entwickeln. Ohne Zweifel: Dies ist nötig! Wir wissen nicht, wann das geschehen wird. Aber einfach nur abwarten gilt nicht. Denn selbst etwas im eigenen Bereich ändern, das können wir sofort. Jetzt.

Wie war *Ihre* Schulzeit?

Wir waren auch alle in der Schule, und wie es uns selbst damit ging, das hat einen Einfluss darauf, wie wir jetzt als Eltern damit umgehen, dass unser Kind zur Schule geht.

»Schule ist schön!« – was geht Ihnen durch Kopf und Herz, wenn Sie diesen Satz hören? Spricht er alte Erinnerungen an, und Ihnen fallen eigene kleine Schulszenen ein, in denen es Ihnen gut ging, Sie etwas Wertvolles gelernt und Antworten auf wichtige Fragen gefunden haben? Denken Sie zuerst an ein Ereignis mit Freunden? Vielleicht an eine Klassenfahrt? Kommt Ihnen ein guter Moment mit Glücksgefühl und Stolz auf eine gemeisterte Aufgabe in den Sinn? Oder entsteht gerade das Bild einer besonders spannenden Lehrerin, die Sie im richtigen Maß unterstützt und gefordert hat, vor Ihrem geistigen Auge? Vielleicht haben Sie auch Gefühle, die in die ganz andere Richtung gehen, und Sie möchten nicht so gerne an Ihre eigene Schulzeit erinnert werden, weil zuerst schlechte Erinnerungen wach werden oder weil Sie Ihre eigene Schulzeit als insgesamt schrecklich erlebt haben?

Es ist durchaus nützlich, wenn wir uns unsere Erinnerungen als *unsere* alten Erfahrungen bewusst machen, die mit der Gegenwart womöglich wenig gemein haben.

Denn: Eine negative Grundeinstellung erschwert es, die Dinge für unsere Kinder positiv nach vorne zu bringen. Aber wir kommen nicht umhin, dass wir selber mal zur Schule gegangen sind und – ob wir wollen oder nicht – unsere Haltung zu den Lehrern und zu Schule davon beeinflusst ist.

Lange zurückliegende Erfahrungen können beispielsweise bei Elternabenden reaktiviert werden: Bei einer Mutter einer Erstklässlerin macht sich vielleicht eine kleine Aufregung breit, weil sie wieder in einer Klasse sitzt und dadurch Gefühle in ihr hochkommen, die denen der eigenen Schulzeit ähneln. Und deshalb mag sie sich lieber gar nicht am Gespräch beteiligen. Und bei einem Vater wurden durch ein Ereignis alte Rachegefühle wiederbelebt und so erscheint er – nicht wegen des aktuellen Konflikts, sondern unbewusst auch wegen der zurückliegenden Erinnerungen – mit einem misstrauischen Stirnrunzeln und einer geballten

Sofort-Tipp für kritische Minuten

Manchmal überwältigt uns ein aktuelles negatives Ereignis in der Schule oder die Negativ-Publicity aus den Zeitungen doch. Und wir möchten so richtig losschimpfen. Gut, wenn Sie gerade allein sind und wenn es Ihnen hilft. Aber schlecht, wenn es Ihnen gerade nicht hilft und Sie aus der Wut- und Sorgen-Spirale nicht wieder herausfinden.

Die folgende Negativ-Bremse hilft Ihnen vielleicht in Augenblicken, wo Sie lieber wieder den guten Tag mit Ihren Kindern in den Vordergrund stellen möchten; Sie können sie auch im Beisein Ihrer Kinder anwenden:

Verordnen Sie sich, rückwärts zu schimpfen.

Beispiel: Sie denken »Schule ist so blöd!«, aber Sie konzentrieren sich darauf, diesen Satz rückwärts auszusprechen: »Dölb os tsi elusch!«

Das ist ja leicht, meinen Sie? Hier konnten Sie ja auch rückwärts nachlesen. Wie lautet denn Ihr Lieblingsnegativsatz?

Faust in der Tasche beim Elternabend. Aber: selbst wenn Ihr Kind Ihnen sehr ähnlich ist, wird es in der Schule mit Sicherheit ganz andere Erfahrungen machen, als Sie in Ihrer Schulzeit gemacht haben. Denn Ihr Kind ist ein eigenständiger Mensch und hat es mit anderen Mitschülern und Lehrern zu tun.

Wenn es uns gelingt, aufmerksam die »alten Geschichten« als solche zu bewerten, dann ist dies ein bedeutender Schritt dahin, unsere Kinder heute möglichst gut in *ihrer* Schulzeit zu begleiten. Denn unabhängig davon, ob wir selbst durch negative oder positive Erinnerungen beeinflusst sind, wünschen wir Eltern uns von Herzen, dass unsere Kinder gute Erfahrungen mit der Schule machen und dass sie dort gerne hingehen.

Geht Ihr Kind gerne zur Schule?

Es gibt wenige Kinder, die nach der Grundschulzeit auf die Frage, wie sie die Schule finden, noch antworten: »Die Schule ist schön und macht Spaß!«

Es hat sich bei uns seit langem eingebürgert, dass wir über die Schule, die Lehrer und die Hausaufgaben stöhnen. Dies ist keine neue Reaktion unserer Zeit, sondern das war auch schon so, als wir Eltern zur Schule gingen – erinnern Sie sich?

Wir haben also eine lange Tradition damit, dass sich jemand, der offen behauptet, dass Schule schön sei, der Gefahr aussetzt, komisch angeguckt zu werden: Schnell wird man als Streber abgestempelt. Oder als »Schleimer«. Da ist es doch verlockender, mitzuschimpfen und nicht aufzufallen. Schließlich wollen Kinder genauso wenig unangenehm auffallen wie Erwachsene. Außerdem hat das gemeinsame Schimpfen für Kinder noch eine positive Funktion (siehe Seite 80).

Aber trotz allem, auch trotz des Schimpfens, ist sie dann spätestens am Ende der langen Sommerferien bei den meisten Kindern doch da: die Vorfreude, endlich wieder zur Schule zu gehen, alle Freunde zu treffen, Pausen zu haben, gemeinsam mit Freunden über den Schulhof zu toben, den Geruch und den Zustand neuer Stifte, Hefte und Bücher wahrzunehmen und ernsthaft mit neuen Aufgaben gefordert zu sein. Sicher: und auch das Stöhnen über die Hausaufgaben und die Lehrer wird wieder beginnen …

Hier können wir anknüpfen: Lassen wir Eltern uns nicht unbewusst da hineinziehen, nur zu schimpfen. Das eine ist die öffentliche Diskussion, das andere ist der Alltag, in dem wir und unsere Kinder leben. Achtung, Achtung! Unterscheiden Sie genau zwischen den Zielen öffentlicher Personen und Ihren persönlichen Zielen: Schließen Sie sich in Ihrem Verhalten und Reden nicht aus Versehen dem Wahlkämpfer an – nur weil Sie sich danach sehnen, dass plötzlich alles gut wäre. Der Wahlkämpfer

»Was findest du an deiner Schule gut?«

Stellen Sie diese Frage doch einmal Ihrem Kind. Sie werden feststellen, dass ihm dazu einiges einfällt: »Ich finde unsere Schulschlange toll!«, »Mir gefällt die Schwimmhalle!«, »Ein paar Lehrer sind wirklich nett und machen spannenden Unterricht!« oder »Ich mag gerne, dass ich da meine Freunde treffe.«

Kinder identifizieren sich in der Regel gerne mit »ihrer« Schule und mögen es, darauf stolz zu sein. Das wird beispielsweise auch deutlich, wenn Sie Ihr Kind die weiterführende Schule mitwählen lassen: Nachdem Sie eine Schule oder mehrere gemeinsam angeschaut haben, werden Sie sicher feststellen, dass die Kinder andere Kriterien haben als Sie. Da es ja wichtig ist, dass Ihr Kind sich damit identifizieren und dort wohlfühlen kann, reden Sie es ihm nicht aus, dass es »seine« Schule danach betrachtet, dass ihm die Aula und das Schultier besonders gut gefallen.

möchte Stimmen gewinnen. Sie möchten einen guten Tag gewinnen für sich, für Ihr Kind, auch morgen und übermorgen und überübermorgen …

Am guten Ende anzufangen ist leichter!

»Schule ist schön!« ist kein verzweifelter Schrei, sondern eine wichtige Änderung der Blickrichtung, damit wir uns von der Misstrauens- und Versagenskultur abwenden und unser Denken und Handeln wieder ins Positive bringen. Aus meiner psychotherapeutischen Arbeit bin ich es gewohnt, dass Veränderung und

»Na, wie war es in der Schule?«

Welche Eltern möchten nicht gerne wissen, wie es ihrem Kind in der Schule ergangen ist? Es gibt Kinder, die kommen nach Hause und lassen die Dinge, die sie beschäftigt haben, nur so aus sich herausprudeln. Aber dann gibt es eben auch viele andere Kinder, die erst einmal gar nichts von sich aus berichten. Dann können wir Eltern der Verlockung der Frage »Na, wie war's in der Schule?« einfach nicht widerstehen. Doch meistens kommt darauf leider auch nur ein knappes »Gut«, was unsere elterliche Neugier nach dem schulischen Befinden unseres Kindes natürlich nicht wirklich befriedigen kann.

Ich kam zu der entscheidenden Erkenntnis zu dieser Frage, als einer meiner Söhne sich ebenfalls angewöhnte, mich zu fragen: »Und, Mama, wie war's bei der Arbeit?« Eines Tages merkte ich plötzlich, dass ich – gerade frisch in den Feierabend heimkehrend – eher Abstand zur Arbeit brauchte. Ich mochte nicht in Gedanken abspulen, was

Entwicklung für Menschen besser möglich ist, wenn wir positiv von den Ressourcen und Stärken ausgehen. Es gibt auch an unseren Schulen mit den nicht optimalen, manchmal auch wirklich schlechten Bedingungen durchaus gute Seiten und schöne Erlebnisse für unsere Kinder. Versuchen wir, daran anzusetzen – obwohl wir oft ein machtpolitisch begründetes Festhalten an alten Strukturen erleben. Reiben wir uns nicht daran auf!

Beispiel: Viele Eltern wundern sich, dass wir uns für jedes Bundesland eigene Schulbehörden mit reichlich Personal und eigenen Gesetzen, eigener Schulpolitik und entsprechend Politikern leisten, während es an Lehrpersonal mangelt. Kinder in Süddeutschland lernen ja von Natur aus nicht anders als die im Norden, und Mainzer nicht anders als nebenan die Wiesbadener. Ach ja, der Föderalismus, wie war das noch: Warum brauchen

denn eigentlich heute alles geschehen war, um das zu sortieren und daraus auszuwählen, was ich erzählen wollte. Als ich meinem Sohn sagte, dass ich sein Nachfragen sehr nett finde, aber jetzt gar nicht darüber nachdenken mag, weil ich jetzt Pause von der Arbeit brauche, da lächelte er mich wissend an. Wir entschieden, dass wir es in Zukunft mit der Wie-geht-es-dir-gerade-Frage ausprobieren wollen, und das klappt bei den älteren Kindern meistens sehr gut.

Bei kleineren Schulkindern ist die Wie-war-es-in-der-Schule-Frage zudem viel zu abstrakt. Hier ist ein besserer Gesprächsöffner, wenn Sie punktuell nach kleineren Dingen fragen, wie:»War denn Paul wieder gesund?«,» Habt ihr in Sport wieder so was Witziges ausprobiert?«, »Habt ihr bei Frau Müller heute wieder den Stuhlkreis gemacht?« Und wenn Ihr Kind erst einmal Pause braucht, dann drängen Sie es nicht zum Erzählen, vielleicht ist dann das Abendessen die richtige Zeit, sich gegenseitig etwas vom Tag zu berichten.

wir den unbedingt für die Schule, während Studiengänge und -abschlüsse international immer mehr angeglichen werden? Aber es können ja schlecht alle Eltern in die Politik gehen – und wer weiß wiederum, wo das hinführen würde ...

Befassen wir uns besser mit dem, was uns eben jetzt konkret im Zusammenhang mit Schule begegnet – und das mit offenen Augen für die Stärken unseres Kindes und der Schule unseres Kindes! In jedem Fall hilft uns dabei der positiv suchende Blick, Möglichkeiten zu entdecken und Kräfte zu mobilisieren, um Chancen zu nutzen.

Ich persönlich möchte nicht zur Lehrerhasserin werden oder auch nur misstrauisch sein oder mich da hineinsteigern, dass »alle« versagen. Selbst wenn ich das täte ... was dann? Wem hilft es? Meinen Kindern nicht und auch sonst niemandem.

Weitersagen: Schule ist schön!

Wie kommt es eigentlich, dass beinahe jeder über die Rütli-Schule Bescheid weiß und davon gehört hat, dass dort ein Wachdienst postiert wurde, damit die Lehrerinnen und Lehrer und auch die Schülerinnen und Schüler sich sicher fühlen können? Natürlich kann dazu niemandem der Satz »Schule ist schön!« einfallen.

Und wie kommt es eigentlich, dass kaum jemand die Helene-Lange-Schule in Wiesbaden kennt? Brauchen wir die negativen Bilder so sehr? Stellen wir uns das Glas lieber halb leer als halb voll vor?

Ich möchte dafür werben, dass wir – trotz allem, trotz der negativen, sich nur langsam verändernden Bedingungen – die schönen Seiten von Schule und die schönen Schulereignisse ins Bewusstsein rufen. Sagen wir es weiter, wenn Schule schön ist! Das motiviert auch, sie immer wieder schön und immer schöner zu machen.

Der »Ernst des Lebens«

Ihr Kind wird groß und darf ernsthafte und wertvolle Dinge für das Leben lernen. Kennen Sie das Kinderbuch, in dem es einen freundlichen Ausgang mit dem »Ernst des Lebens« gibt? Es handelt davon, dass die kleine Annette schon oft gehört hat, dass mit sechs der Ernst des Lebens beginnt. Sie wusste nicht, wer das sein sollte und wie der aussieht, ahnte aber, dass er nichts Schönes bedeuten konnte. Auf ihren ersten Schultag freut sie sich daher nur mit gemischten Gefühlen, aber dann kommt alles ganz anders: Der neue nette Schulfreund entpuppt sich als Junge namens Ernst, und Annette beschließt darauf, sich nicht wieder so schnell Angst von den Großen machen zu lassen.[1]

Halten Sie für diesen Klassiker Ihr Stopp-Schild bereit: Falls Ihr Kind kurz vor der Einschulung steht, ist es sehr wahrscheinlich, dass es von einer Tante oder einem Nachbarn darauf aufmerksam gemacht wird, dass vieles anders wird, wenn die Schule losgeht … als sicher nicht böse gemeinte, aber unausgesprochene Andeutung, dass dann »Schluss mit lustig« ist, da der Ernst des Lebens beginnt. Falls Sie das gerade hören, dann mischen Sie sich ruhig ein: »Ja, Louisa darf jetzt ganz ernsthaft und bestimmt auch mit Spaß lesen und schreiben lernen! Toll, was?«

Der Erziehungswissenschaftler Hans-Ulrich Grunder hat sich 2002 im Rahmen der Kinder-Uni in Tübingen gemeinsam mit den Kindern die Frage gestellt, warum Schule doof ist. Er stellt der deutschen Normalschule in mancher Beziehung ein schlechtes Zeugnis aus, zum Beispiel in Bezug auf die Räume und die Organisation, dass Unterrichtsfächer sich alle 45 Minuten ablösen, Hohlstunden dazwischen nicht als Panne begriffen werden sollten, sondern als wichtige Zeit, um Luft in die Schule und zwischen die Fächer zu lassen. Der aberwitzige Lerntakt und Fächerwechsel führe dazu, dass in Deutschland unweigerlich das Naturgesetz gelte, dass Schule etwas ist, »was man morgens um halb acht Uhr betritt und mittags völlig gestresst nach sechs Stunden Unterricht wieder verlässt. Im Kopf nur noch den einen Gedanken: Gut, dass der Unterricht vorbei ist.«[2]

Trotzdem wird in der Kinder-Uni festgestellt, dass viele Kinder auch mit den schlechten Strukturen der Normalschule immer noch gerne zur Schule gehen und dieses bei der zweiten Nachfrage auch zugeben. Ebenso seien zwei Drittel der Lehrer von Ihrem Beruf überzeugt. Also sei vielleicht ja Schule insgesamt doch nicht so doof?[3]

Dann können wir das doch weitersagen!

2. Schule ist gut

Werfen wir einen Blick über den eigenen Tellerrand: Unsere Kinder dürfen zur Schule, sie dürfen lernen. Das ist grundsätzlich etwas Gutes!

Laut UNICEF haben weltweit über 100 Millionen Kinder im Grundschulalter nicht die Möglichkeit, zur Schule zu gehen.[1]

Von den 6,6 Milliarden Menschen, die die Weltbevölkerung ausmachen, können ungefähr 770 Millionen Menschen nicht lesen und nicht schreiben. Und die Weltbevölkerung wächst jede Minute um 155 Menschen. Bei 1440 Minuten, die ein Tag hat, sind also pro Tag 223 200 Menschen mehr auf der Welt (Stand: 2007).[2]

Prozentual wächst die Bevölkerung vor allem in den Ländern, in denen es nicht selbstverständlich ist, dass alle Kinder zur Schule gehen dürfen.

Mich stimmt es immer wieder nachdenklich, wenn ich meine Welt als Teil der ganzen Welt betrachte: Ich muss mich nicht darum sorgen, ob ich morgen noch ein Brot kaufen kann oder ob meine Kinder überhaupt eine Schule besuchen dürfen: In diesem Kapitel geht es entsprechend darum, einmal über den eigenen Tellerrand zu gucken – auch, um die eigene Haltung gegenüber Schule zu überdenken.

Schnelle Horizonterweiterung

Wenige Zeilen aus Karlheinz Böhms Webseite für die Äthiopienhilfe führen unsere Sicht weiter als nur bis zum eigenen Schultor, weiter als von …

»Gartentor bis Haustür, von Herzschmerz bis Tagebuch, vom Dilemma um die Abendgestaltung bis zum Frisurproblem. Nicht nur, was uns unmittelbar im Alltag betrifft, direkt um uns herum geschieht – ein paar Meter und Häuserecken entfernt – bedarf unserer Aufmerksamkeit. Jedes Jahr sterben 6 Millionen Kinder an Unterernährung. Aber wir beschweren uns über Schul- und Kantinenessen. Etwa eine Milliarde Menschen haben keinen Zugang zu sauberem Trinkwasser. Wir spülen die Toilette mit frischem Trinkwasser. Mindestens 120 Millionen Kinder jährlich werden nicht eingeschult. Und wir zweifeln an der Notwendigkeit zu lernen.«[3] Karlheinz Böhm hat sich selbst zu seinem 80. Geburtstag geschenkt, dass er in diesem Jahr den Bau von 36 Schulen in Äthiopien unterstützt.

Werfen wir die angebissenen Schulbrote in den Mülleimer und baden uns dabei ein wenig in Negativblick und Misstrauen? Während andernorts unzählige Kinder alles dafür geben würden, wenn sie zur Schule gehen dürften. Sind unsere Schulen so beschaffen, dass wir am liebsten sofort mit den Ländern dieser Welt, die nicht einmal eine gesetzliche Schulpflicht haben, tauschen würden? Oder dass wir, anstatt unsere Kinder den verbesserungswürdigen staatlichen Schulen anzuvertrauen, sie doch lieber wieder selber oder mit ausgesuchten Privatlehrern Zuhause unterrichten möchten? Die Nachfrage an Privat- und Alternativschulen steigt in den letzten Jahren erheblich an.

Die Qual der Wahl

Es geht mir nicht ums simple Relativieren. Nach dem Motto: Zeig mir eine Schule, die schlechter ist als diese, und schon ist diese gut.

Schule ist gut, weil sie Lernen und Bildung ermöglicht. Bildung bietet viele Möglichkeiten, eine eigene Persönlichkeit zu entfalten, das Leben und die Welt zu verstehen, sich darin zurechtzufinden und sie mitzugestalten.

Im Gegensatz zu den Menschen in Äthiopien beschäftigt uns nicht die Frage, *ob* unsere Kinder überhaupt zur Schule gehen – sondern die Frage ist, auf *welche* Schule. Wir haben bei uns in Deutschland die Möglichkeit, uns mit verschiedenen Schulkonzepten, Schulformen und Ideen von Schule auseinanderzusetzen. Kurz: Es geht bei uns häufig nicht darum, ob die Schule gut ist. Sondern es geht darum, ob es eine bessere Schule gibt.

Kennen Sie diesen Spruch: Eine Schule ist so gut, wie die Menschen in ihr es sind? Die Menschen, das sind die Schülerinnen und Schüler und natürlich die Lehrerinnen und Lehrer, der Hausmeister, die Sekretärin, die Personen in der Schulleitung und – Sie, die Eltern. Also: Machen Sie Ihr Kind und sich zu *Ihrem* Kriterium bei der Überlegung, welche Schule Ihrem Kind guttun könnte!

Wählen Sie eine Schule, die Sie gut finden und schätzen können, eine Schule, in die Ihr Kind und Sie gerne gehen. Natürlich beziehen Sie bei Ihrer Wahl objektive Kriterien ein – wie räumliche und personelle Ausstattung der Schule, pädagogische Grundhaltung, Länge des Schulwegs und soziale Anbindung durch Freunde, die sich für dieselbe Schule entscheiden. Doch das subjektiv gute Gefühl bei Ihrem Kind und Ihnen sollte ebenso Grundlage Ihrer Entscheidung sein. Lassen Sie also ruhig Ihren Bauch mitentscheiden.

Qual der Wahl nach der Grundschule

In den verschiedenen Bundesländern haben die Eltern nach der 4. oder 6. Klasse zu entscheiden, an welcher Schulform und welcher weiterführenden Schule sie ihr Kind anmelden. In manchen Bundesländern gibt es den »Elternwillen«, der berücksichtigt wird, und in anderen sind die von den Grundschulen ausgesprochenen Empfehlungen bindend. Ausnahmen hiervon bieten überall Gesamtschulen, Waldorf, Montessori und andere Modellschulen oder Privatschulen. Quälend ist also in unserem Land nicht der Mangel an Schule bzw. Schulmöglichkeiten, sondern – die Wahl.

Es kann allerdings wirklich quälend werden, zu entscheiden, ob ein Kind auf die Hauptschule, die Realschule oder das Gymnasium gehen soll, wenn das Gefühl der Eltern nicht zu der Empfehlung der Schule passt. Eine hilfreiche Faustregel hierfür: Sprechen Sie zunächst ernsthaft und offen mit Ihrem Kind, wie es sich selbst einschätzt. Wenn Sie auf diesem Weg nicht zu einer Entscheidung finden, die sich für Sie und Ihr Kind gut anfühlt, beraten Sie sich mit den Lehrerinnen und Lehrern oder suchen Sie sich fachliche Beratung von einem Außenstehenden, in einer Erziehungsberatungsstelle zum Beispiel.

Immer mehr Eltern wünschen eine gute Schulbildung für ihre Kinder. Ein verständlicher Wunsch. Möglichst viele Kinder sollen das Abitur machen und werden auf der entsprechenden Schule angemeldet, weil das die Berufschancen erhöht. Ist das wirklich so? Ja, mittlerweile ist es schwer, mit einem Hauptschulabschluss bestimmte Lehrstellen zu bekommen. Doch das ändern wir nicht, indem wir alle Kinder zu Realschulen und Gymnasien schicken: Denn die Kinder, die die Abschlüsse nicht oder nur mit sehr schlechten Noten schaffen, erhalten dann ebenso die ersehnte Lehrstelle nicht. Auch gibt es inzwischen arbeitslose Akademiker und Akademikerinnen in großer Zahl. Und in manchen Branchen gibt es weder Facharbeiter noch Akademiker genug, da sie abgeworben werden von anderen Ländern, die unsere Ausbildungsergebnisse höher schätzen, als man es hierzulande tut.

Lassen wir uns als Eltern doch von all diesen Fragen nicht zu sehr beunruhigen: Ob ein Mensch Erfolg und Zufriedenheit im Leben erlangt, hängt weitaus mehr von seiner Persönlichkeit als vom konkreten Bildungsabschluss ab. Wenn ein Kind an sich selbst glaubt und Anerkennung erfährt, weil es das Gefühl hat, etwas zu können und »jemand zu sein«, dann hat es gute Aussichten, erfolgreich und glücklich zu werden. Wenn es ständig Anforderungen hinterherhinkt und sich selbst als Versager erlebt, von sich selbst denkt, dass es nichts kann und nichts wert ist, dann wird es weniger zeigen, was es eigentlich kann. Beherzigen Sie das bei ihrer Wahl, so werden Sie wahrscheinlich richtig wählen.

Mein Tipp zum konkreten Vorgehen:

Machen Sie sich die Entscheidung nicht zu schwer: mit dem Kind höchstens zwei bis drei Schulen anschauen, ein paar Tage darüber nachdenken, mit dem Kind noch einmal darüber reden, wieder nachdenken, und dann ist es wirklich gut zu entscheiden. Denn Garantien gibt uns keiner, und sicher voraussagen kann niemand, wie es Ihrem Kind an der neuen Schule gehen wird. Machen Sie sich einfach klar, dass es keine Entscheidung ist, die unwiderruflich auf Lebenszeit getroffen ist. Und wenn es Ihrem Kind dort wider Erwarten wirklich schlecht gehen sollte, werden Sie es merken und können dann etwas verändern. Wichtiger ist zunächst, dass Sie Ihrem Gefühl und dem Glauben daran, dass Sie mit Ihrem Kind die richtige Schule gewählt haben, Raum geben.

Schule ist – leider –
gut für jeden Wahlkampf

Bildung ist seit Jahren ein Top-Wahlkampfthema. Denn Schule geht fast alle an: Laut statistischem Bundesamt gab es in Deutschland im Schuljahr 2006/2007 insgesamt 9,3559 Millionen Schülerinnen und Schüler an allen allgemein bildenden Schulen.[4] Rechnet man Kindergärten, Beruf bildende Schulen und Hochschulen hinzu, so nutzen laut Bildungsbericht 2008 etwa 17 Millionen Menschen die Bildungsangebote in Deutschland. Das ist etwa ein Fünftel unserer Bevölkerung.[5]

Kein Wunder also, dass Schule ein Top-Wahlkampfthema ist. Leider wird hierbei allzu oft Stimmung gemacht nach dem Muster:»Hier droht eine Katastrophe! Wir bringen Rettung.« Es scheint schwieriger zu sein, öffentlichkeitswirksam über etwas Gutes, das man verbessern möchte, zu diskutieren. So erweist sich manchmal das Wahlkampfthema zum Nachteil für die sachliche inhaltliche Arbeit und Entwicklung von Schule. Instrumentalisiert zum Stimmenfang, geht es leider oft zu wenig inhaltlich darum, wie Kinder wieder zu mehr Begeisterung beim Lernen finden und besser lernen, wie das Lernen gut geht.

Die negative Haltung gegenüber unserem Bildungsangebot in Deutschland drückt leider auch auf die Stimmung in unseren Schulen, täglich und bei allen Beteiligten:

Ein Vater, der an einem Elternsprechtag in einer Wartezeit neben mir saß, gab seinen Empfindungen zu dem 8-Minuten-Gesprächsjogging Ausdruck: Er zuckte die Achseln und kommentierte lächelnd, er glaube, dass es nur darum gehe, die Kinder einigermaßen schadensfrei durch die Schule zu bringen.

Ich wusste in dem Moment keine Antwort auf diesen für ihn und seine Kinder vielleicht gesunden, schützenden Abwehrmechanismus, dass er beschloss, die Schule einfach nicht so wichtig zu nehmen.»Aber Schule kann doch nicht nur eine Frage dessen sein, dass alle individuell ihre Schulzeit irgendwie überstehen

und hinter sich bringen. Schade um so viel vertane Lebenszeit«,
dachte ich gerade. Da stand mein Gesprächspartner auf und ging
in seine nächste 8-Minuten-Runde.

Für jede Einzelne und jeden Einzelnen, aber auch für unsere gesellschaftliche Entwicklung ist es wichtig, dass es uns gutgeht mit bzw. in der Schule. Wir sollten es uns nicht nehmen lassen, fortwährend daran zu arbeiten und mit dazu beizutragen, dass wir wieder zu einer menschlich gesunderen, positiven Haltung zu Schule finden. So können wir Schule auch von innen heraus verändern.

Manche gesellschaftliche Missstände sind erst durch politische Umstürze behoben worden, andere Veränderungen geschahen langsam und von innen heraus. Indem wir jedoch die Themen in uns selbst zulassen und die eigene Haltung verändern, gibt es auch im Umgang mit Schule eine ganz reelle Chance auf Veränderung. Vor 50 Jahren war es noch völlig selbstverständlich, dass in Schulen mit dem Rohrstock gemaßregelt wurde. Heute ist das gar nicht mehr vorstellbar. Aber es gibt andere Dinge, die uns nicht guttun und an denen unsere Kinder erkranken.

Manchmal bewirken Gesetze, dass sich Gefühle und das Bewusstsein der Menschen ändern. Das können wir im Umweltbereich sehen. Oder haben Sie kein schlechtes Gewissen, wenn Sie Ihren Müll auf die Straße werfen? Der bessere Weg ist sicher der, aus innerer Überzeugung gut mit der Welt umzugehen. Aber manchmal bedarf es eben auch einer gesetzlichen Regelung, um etwas zu verändern. Und Gesetze hinken häufig der gesellschaftlichen Realität hinterher. So ist zum Beispiel die Vergewaltigung in der Ehe erst vor zehn Jahren als Straftatbestand in die Gesetzesbücher aufgenommen worden. Im Bewusstsein vieler Menschen war es schon lange vorher nicht mehr hinzunehmen, dass Frauen ihre»ehelichen Pflichten« zu erfüllen hatten, ob sie wollten oder nicht.

Schulgesetze hinken auch dem hinterher, was Forscher darüber herausgefunden und was zahlreiche praktische Erfahrungen gezeigt haben: wie Lernen gut funktioniert und wie Schule gut gelingen kann.

Der Film *Treibhäuser der Zukunft. Wie in Deutschland Schulen gelingen* zeigt auf sehr beeindruckende Weise, was ein starkes Gegengift zu Freudlosigkeit und Lernschwäche in vielen Schulen in Deutschland sein kann: Geschichten vom Gelingen.[6]

Und die werden in dem Film nicht nur an besonderen Modellschulen, sondern auch an einer Brennpunktschule in Hamburg gezeigt. Mit seiner Mut machenden Wirkung kann ich Ihnen dieses Werk wirklich empfehlen: Sie sehen und fühlen in dem Film die fruchtbare Atmosphäre von vielen ernsthaft, neugierig und eigenständig arbeitenden Kindern. Ein gutes Hilfsmittel, wenn Sie eine momentane Sinnkrise bezüglich der Frage, ob Schule etwas Gutes für Ihr Kind sein kann, überwinden möchten.

Es wird in den Schulen viel Wandel zum Guten geben, damit Kinder wieder stärker über ihre natürliche Neugier die Freude am Lernen entwickeln. Denn Wissens- und Ideenentwickler werden gefragt sein. Und so, wie wir im Moment mit den Reformen und den Belastungen für unsere Kinder umgehen, wird sich auf die Dauer unser Schulsystem nicht halten lassen.

Tun wir etwas dafür, dass alle Schulen zu Treibhäusern der Zukunft werden können. Ich glaube, das geht nur, wenn wir uns – auch trotz der momentan diskutierten Mängel – wieder den Blick darauf erlauben, dass es gut ist, dass unsere Kinder zur Schule gehen dürfen.

Setzen Sie Vertrauen in die Schule?

Das amerikanische Institut Gallup hat international 36 000 Menschen dazu befragt, welche Institutionen das größte Vertrauen genießen. Weltweit standen von den 17 angebotenen Institutionen Schulen, Kindergärten und Unis an erster Stelle. Anders in Deutschland: Die Schulen sind in der Skala der vertrauenswürdigen Einrichtungen auf Platz 11 (von 17) gelandet! An den ersten Stellen stehen bei uns in Deutschland die Polizei, das Militär und die Uno.[7]

Erschreckend, oder? In Bezug auf Vertrauen, das wir staatlichen Institutionen entgegenbringen, sind sicher die Nachwirkungen unserer Geschichte spürbar: Mit der nationalsozialistischen Diktatur und den Bespitzelungstechniken, die danach in der einen Hälfte des geteilten Landes stattfanden, haben wir nicht gerade eine Geschichte, die es uns leicht gemacht hat, Vertrauen in Institutionen zu entwickeln. Die Vertrauensfrage scheint hierzulande so stark mit dem Wunsch nach Sicherheit und Kontrolle verbunden zu sein, dass die Institutionen, die diese Werte verkörpern, als weitaus vertrauenswürdiger angesehen werden als unsere Bildungseinrichtungen.

Aber Bildung, die keine Dressur ist, braucht Vertrauen: unser eigenes Vertrauen in uns selbst als starke, stärkende Eltern, das Vertrauen zu unseren Kindern und ein vertrauensvolleres Verhältnis zu den Institutionen, in die wir unsere Kinder zur Bildung schicken. Erneuern kann das System sich nicht von selbst. Es braucht dazu Lehrerinnen und Lehrer, Politikerinnen, Wissenschaftler und uns Eltern mit all unseren Gefühlen und Haltungen. Sehen wir hin, wo wir unsere Haltung verändern wollen, und tragen wir dadurch zur Erneuerung der Schulen bei.

3. Ihr Kind kann das: Mit Vertrauen durch die Schulzeit

Im dritten Kapitel ist das Vertrauen Ihres Kindes zu Ihnen, in die Welt und auch in sich selbst Thema. Es geht um Loslassen und Halt geben – bei der Einschulung und immer wieder.

Loslassen am ersten Schultag

Der aufregende Tag der Einschulung. Ich erinnere mich noch gut an diesen Tag mit unseren Drillingen: geballte Gefühlsladungen mit drei kleinen Menschen. Auch die Kinder fieberten dem Tag mit größter Spannung entgegen. Endlich war es so weit, und wir standen vor der Schule:

Ist da neben freudiger Erwartung nicht auch Angst und Unsicherheit spürbar? Oder warum kommt mir plötzlich eines unserer Kinder besonders klein vor? Sie sind alle drei gleich groß. Ist das meine Angst, die ich da im Kind sehe? Oder ist es ganz reale Angst unseres Kindes? Ob wir den Kindern bereits genug an Grundlagen mit auf den Weg gegeben haben, damit sie in der Schule bestehen können, den Anforderungen gewachsen sind? Ich hole mir Rückversicherung bei meinem Mann: Nein, es ist nicht nur meine Wahrnehmung und meine momentan gefühlte Angst. Auch er sieht den etwas ängstlichen ehrfürchtigen Blick, mit dem das Kind vorm Treppenportal mit dem riesigen Schul-

ranzen auf dem Rücken etwas verloren wirkt und sich gerade kleiner als sonst fühlt. Ein kurzer Händedruck vermittelt uns das Versprechen, dass wir unser Zutrauen nicht so schnell aufgeben und unseren Kindern gemeinsam zur Seite stehen werden. Was auch immer jenseits dieser Mauern des Schulportals sich ereignen wird, wir werden versuchen, unseren Kindern gute Begleiter zu sein.

Das Kind schaut sich etwas unsicher zu uns um und sucht unsere Nähe. Fast unmerklich verringert es den Meter Abstand zwischen uns, schiebt sich in unsere Mitte. Ein Blick, der Zuspruch sucht. Wir bieten dem Kind unsere Hände an. Dankbar und unauffällig rutschen seine Hände in unsere und ergreifen sie. Die kleinen Hände schmiegen sich in die großen und suchen Halt.

Und wir freuen uns, dass unsere Hände dem Kind ohne Worte unsere Aufregung, die Freude, den Stolz und die Zuversicht spüren lassen. Erst recht in diesem Moment, wo so deutlich ist, dass unser Kind schon eine wichtige Fähigkeit für die Schule mitbringt und wir darauf vertrauen können, dass es uns zeigen wird, was ihm guttut und was es braucht. Ein fester Handgriff gibt ihm Halt und Zuversicht, um den Schritt in die Schule zu tun. Sobald er die Schwelle übertreten hat, lockert er seinen Griff und gibt uns damit eine zarte Botschaft, dass wir uns wieder aus dem Händegriff lösen können.

Dieses kleine große Erlebnis bei der Einschulung ist ein Sinnbild für uns geworden, was es heißen kann, Kinder gut zu begleiten: als Eltern manchmal einfach nur da sein – mit einer wohlwollenden Aufmerksamkeit dem Kind und sich selbst gegenüber, und eine hilfreiche Hand zu reichen, wenn das Kind uns zeigt, dass es diese braucht. Und: im entscheidendem Moment auch wieder loslassen zu können.

Wenn wir uns bei wichtigen Gelegenheiten wie diesen so aufmerksam uns selber und den Kindern gegenüber verhalten können, dann fühlt es sich gut an im Miteinander. Dann ist für einen Moment die richtige Balance zwischen Halt geben und Loslassen entdeckt und gefunden.

Halten Sie Ausschau nach solchen Momenten. Sie geben uns Kraft für die Situationen, in denen uns wegen eigener Arbeitsüberlastung oder anderer Sorgen diese Balance nicht gelingen will.

Es geht nicht nur um das aufregende Gefühl, mit dem Sie Ihr Kind am ersten Schultag in die Schule gehen lassen oder ließen. Das Thema wird Sie begleiten, mal stärker und mal weniger, aber jeden Tag wieder. Dabei ist es gut, wenn Sie verinnerlichen, dass Sie den Weg nicht für Ihr Kind gehen können, sondern ihm eine gute Begleiterin und ein guter Begleiter werden möchten. Eltern können Begleiter werden, wirklich gute Begleiter. Aber sie können nicht den Weg für ihr Kind gehen.

Wie Vertrauen entsteht

Manchmal möchten wir unseren Kindern aus lauter Liebe einen goldenen Paradieskäfig bauen, in dem es ihnen für ihre Bedürfnisse an nichts fehlt und wo kein Mensch ihnen etwas Böses antun kann. Aber nicht nur, dass so ein Bau gar nicht möglich ist. Nein, so können wir allen wohlwollenden Motiven zum Trotz auch keine überlebensfähigen und selbstbewussten Menschen, keine mündigen Bürger und Bürgerinnen erziehen.

Zur Entwicklung der Selbstständigkeit, des Selbstbewusstseins und Selbstvertrauens gehört es, dass Kinder von klein auf eigene Erfahrungen machen dürfen.

Sie brauchen anstelle eines goldenen Käfigs eher ein Nest, wo sie immer wieder Liebe und Sicherheit erleben können, bevor sie losgehen, um zu lernen, an positiven Erlebnissen zu wachsen und mit Frustrationen und Konflikten umzugehen. Ein Nest, in dem sie den eigenen Willen auf Abflug entwickeln dürfen, wenn die Geborgenheit gesättigt ist, und wo die Neugier auf die Welt in ihnen entstehen darf. Und von dem aus sie sich sicher genug fühlen, dass sie ihre Fähigkeiten und Erfahrungen erweitern mögen. Mit der Gewissheit der sicheren Zufluchtsstätte wächst in Kindern das Zutrauen zu sich selbst, auch dann, wenn sie schlechte Erfahrungen machen und daraus lernen können. Je mehr Zutrauen ein Kind in sich selber hat, desto stärker ist es gegen schlechte Erfahrungen gewappnet und desto größer ist auch seine Bereitschaft, aus schlechten Erfahrungen zu lernen.

Laufen lernen ist loslassen lernen

Was meinen Sie, wie es um das Selbstvertrauen Ihres Kindes bestellt ist? Denken Sie eher, dass es von sich aus selbstbewusst ist und mit viel Vertrauen in die Welt schaut? Oder glauben Sie, es gehört eher zu den vorsichtigen, manchmal ängstlichen Naturen? Oder ist es mit beiden Fähigkeiten, mit der Vorsicht und mit dem Selbstbewusstsein, so ausgestattet, dass es beide Möglichkeiten zur Verfügung hat: Ist es mal vorsichtiger, ängstlicher und ein anderes Mal eher selbstbewusst mit viel Zutrauen zu sich selber?

Denken Sie einmal daran zurück, wie es war, als Ihr Kind laufen lernte.

Jedes gesunde Kind lernt irgendwann laufen. Der Schoß und der Arm reichen ihm nicht mehr aus und es möchte die Welt auf eigenen Füßen in neuen Dimensionen unsicher machen.

Wenn das Kind laufen lernt, sind die kleinen ersten Schritte des Kindes für die Eltern die ersten wirklichen Schritte zum Thema »Loslassen können und Vertrauen haben«.

Kinder lernen auf sehr unterschiedliche Weise laufen: Das eine Kind möchte von selbst wild entschlossen los und hat keine Angst mehr, nachdem es das Loslassen erstmal für sich entdeckt hat. Ohne Rücksicht auf Verluste hält es auch die eine oder andere Platzwunde nicht davon ab, munter weiterzumarschieren. Auch die haltende Hand der Eltern sucht es nur manchmal. Ein anderes Kind ist vielleicht sehr viel vorsichtiger, macht viele stehende Balanceübungen, hangelt sich erstmal viele Tage seitlich an Sofa oder Schrank entlang, bis es die freie Raumdurchquerung wagt. Es freut sich, wenn es zwei Schritte von einem sicheren Erwachsenenschoß zum anderen machen darf. Ein drittes Kind sitzt eigentlich am liebsten und steht vielleicht erst viel später als andere Kinder auf, aber es geht dann gleich so sicher, dass man den Eindruck hat, es habe das Ganze während dieser Zeit bereits mental durch Beobachten trainiert. Nun lässt niemand sein Kind ganz alleine das Laufen lernen. Meistens begleiten die Eltern das Kind mit Aufregung, mit dem Mitschwingen in der Freude des Kindes, mit Stolz und auch mit Sorge, ob alles gut geht, und mit den nötigen Schutzaktivitäten. Wir überwachen das, weil wir wissen, dass das Kind die Gefahren noch nicht selber abschätzen kann. Je weiter das Kind in der Entwicklung voranschreitet, desto mehr müssen wir unseren Schutz zurücknehmen. Denn Kinder müssen zur Entwicklung ihres eigenen Bewusstseins eben eigene Erfahrungen sammeln. Nur durch Nachahmen, ohne eigene Erfahrungen können Kinder nicht laufen lernen und ihre eigene Gangart im Leben entwickeln. Über die Erfahrung, dass sie etwas selber können, entwickeln sie mehr und mehr Eigenständigkeit und Selbstbewusstsein. Auch die nötige Portion an Eigensinn, die später im Leben für einen ausreichenden Willen sich durchzusetzen sorgt, formt sich auf diesem Wege.

Erinnern Sie sich daran, wie es war, als Ihr Kind laufen lernte? Und erinnern Sie sich auch, wie es Ihnen beim ersten Loslassen ging? Auch wenn es schmerzhafte Momente gab, bis Ihr Kind laufen konnte: sofern Ihr Kind gehgesund ist, haben Sie das Vertrauen darin sicher nie aufgegeben, dass Ihr Kind früher oder später laufen kann.

Tipp: Ihr Symbol für Ihr Vertrauen

Ein Symbol könnte Ihnen immer dann eine wertvolle Hilfe sein, wenn außergewöhnliche Ereignisse oder Zweifel Ihr Grundvertrauen in Ihr Kind ins Wanken bringen möchten: Suchen Sie sich aus der Zeit des Laufenlernens oder der Einschulung ein Symbol aus, das Sie mit Vertrauen zu Ihrem Kind verbinden. Das kann ein Foto sein, das Sie sich in ihr Portmonee stecken, oder Sie hängen sich vielleicht einen Kinderschuh an den Spiegel Ihres Autos. Finden Sie Ihr ganz eigenes Symbol, auf das Sie zurückgreifen können, wenn sich Zweifel breitmachen wollen, ein Symbol, das Sie daran erinnert: Ihr Vertrauen in Ihr Kind ist die Grundlage für eine gute Schulzeit – Ihr unerschütterliches Vertrauen darauf, dass Ihr Kind seinen eigenen Weg gehen wird.

Chancen zu vertrauen gibt es immer wieder!

Vertrauen Sie Ihrem Kind auch, wenn es darum geht, den Streit mit dem Nachbarskind um ein Spielzeug selbst zu klären?

Trauen Sie Ihrer Tochter zu, eine Lösung im aktuellen »Zickentheaterstück« zu finden?

Meinen Sie, dass Ihr Sohn eigenständig mit seinen Freunden einen Weg findet, die Probleme in der Gruppenarbeit zu lösen?

Überlassen Sie es vertrauensvoll Ihrem Kind, wenn es das Problem mit dem Lehrer selbst besprechen möchte (siehe dazu das achte Kapitel)?

Und: Vertrauen Sie Ihrem Kind auch dann, wenn es schlechte Noten hat? Vertrauen Sie ihm/ihr dann erst recht! Es braucht jetzt umso mehr das Zutrauen von Ihnen: Wenn es um das Selbstvertrauen gerade nicht so gut bestellt ist, braucht es mehr als sonst Ihre Liebe und Ihr Vertrauen:

Svenja, 13 Jahre alt, geht in die 7. Klasse. Heute Nachmittag hat sie sich mit ihren Freundinnen zum Schwimmen verabredet. Vorher sind aber noch die Hausaufgaben zu erledigen. Heute gab es eine Mathearbeit zurück. Svenja hat eine 4 bekommen. Mathe ist im Moment nicht ihre große Stärke. Sie brütet über der Berichtigung und stöhnt vor sich hin. Die Mutter schaute bereits das dritte Mal ins Zimmer: »Brauchst du Hilfe, Svenja?«
»Mama, jetzt lass mich in Ruhe damit. Mir reicht es, wenn ich in Mathe eine 4 habe! Ich komme schon zurecht!«

Manchmal ist es gut, so etwas – in Vertrauen zum Kind – auch so stehen lassen zu können. Für richtiges und falsches Elternverhalten gibt es hier kein Patentrezept, aber auch Sie können sich auf Ihr Gefühl verlassen, das Ihnen Ihren guten Weg weisen wird. Grundsätzlich jedoch gilt:

> **Bei schlechten Zeugnissen helfen gute Eltern.**

Es geht in all den Jahren immer wieder wie am Einschulungstag um Loslassen und Halt geben, Loslassen und Halt geben … um Ihr Vertrauen: Ihr Kind kann das! Ihr Kind kann seinen Weg gehen. Sie können als Eltern diesen Weg begleiten, gut begleiten, aber NUR begleiten und nicht den Weg für ihr Kind gehen.

Wodurch Selbstvertrauen wächst

Das brauchen Kinder, damit ihr Selbstvertrauen gestärkt wird, so dass sie Vertrauen und immer mehr Halt in sich selbst finden:

❁ Eltern, die ihnen vertrauen
❁ Achtung und Respekt
❁ Ernst genommen werden
❁ Unterstützung, auf ihren Bauch zu hören/ihren Gefühlen zu trauen
❁ Erlaubnis, die eigenen Vorlieben und Abneigungen kennen zu lernen und dadurch gut in sich selber Zuhause zu sein
❁ Unterstützung, die eigenen Gefühle und Bedürfnisse zu äußern
❁ Halt gebende Grenzen
❁ Orientierung durch authentische Erwachsene
❁ Freiräume, in denen sie Dinge eigenständig meistern dürfen
❁ Aufgaben, die sie selbstständig erledigen dürfen
❁ Verantwortung für sich übernehmen dürfen
❁ Die Erlaubnis eine eigene Meinung zu bilden und zu äußern

4. Für das Leben lernen

Das vierte Kapitel handelt davon, wie die Sache mit der Motivation funktioniert und was Sie tun können, wenn es mit dem eigenen Antrieb nicht so recht klappen will.

Rumms! Die Haustür schlägt mit lautem Knall zu und mit einem zweiten Rumms fliegt der Schulranzen in die Ecke vom Flur. Mia kommt schlecht gelaunt aus der Schule. Mama ist in der Küche beim Kochen. Da bei ihrer Arbeit heute so viel los war und sie nicht pünktlich wegkam, hat sie jetzt Kopfschmerzen, fühlt sich gestresst und gehetzt. Auf dem Rückweg musste sie noch was einkaufen, ist jetzt noch nicht fertig mit dem Kochen, der Streit mit ihrer Chefin will ihr nicht aus dem Kopf gehen und in zwei Stunden muss sie mit Mia zur Zahnkontrolluntersuchung. »Hallo Mia! Na, geht das mit der Tür nicht ein bisschen leiser? Ich hab Kopfschmerzen. Kannst du bitte den Tisch decken?«

Ohne zu antworten rennt Mia die Treppe hoch, in ihr Zimmer und knallt wieder die Tür. »Oh ne! Das auch noch! Hat mir gerade noch gefehlt!«, denkt die Mutter. »Das mag ja was werden. Gleich kommt auch Max aus der Schule, das Essen ist noch nicht fertig und die Hausaufgaben können wir vor dem Arzttermin wohl vergessen. Wieso kann das Kind denn nicht besser drauf sein, wenn es aus der Schule kommt? Was ist denn da nur los? MIST! Mist! ... und jetzt kochen auch noch die Nudeln über!«

43

Der ganz alltägliche Wahnsinn, den uns das Leben beschert ...
Welche Mutter wünscht sich da nicht ein Kind, das mit roten
Wangen und leuchtenden Augen aus der Schule kommt und zufrieden berichtet? Gerade an solchen Tagen! Aber kommen *wir*
immer so froh von unserer Arbeit?

»Nicht für das Leben, sondern für die Schule lernen wir!«, rä-
sonnierte Seneca schon im 1. Jahrhundert nach Christus. Längst
wurde dieses vorwurfsvolle Wort umgekehrt in das ermahnende
»Nicht für die Schule, sondern für das Leben lernen wir!« Und
wie steht es tatsächlich damit?

Hohes Leistungsdenken und das Ziel, dass das Kind am besten
Abitur macht, damit es später einen möglichst guten Job bekommt, treiben häufig die Eltern um. Und dies lässt aus unserem
Blick geraten, dass Kinder nicht nur für die Schule lernen, sondern dass neben Mathe und Deutsch auch noch viele andere
Fähigkeiten im Leben gefragt sind. Und dass es wichtiger ist, für
das eigene Leben zu lernen als für die Schule.

Aber natürlich lernen Kinder *auch* für die Schule! Und das ist
ganz in Ordnung so. Der Stolz auf das Lob und den schönen
Stempel unter den ersten Aufgaben in der Grundschule zeigt
deutlich, dass Kinder gerne auch »für die Schule« lernen. Und
später erst recht auch für gute Noten. Doch sie sollten nicht nur
für die Schule lernen. Ebenso wenig wie es für uns gut ist, wenn
wir nur für das Geld arbeiten gehen. Auch uns Erwachsenen geht
es besonders gut, wenn wir – der Idealfall – unsere Arbeit um ihrer selbst Willen und aus innerem Antrieb heraus tun. Aber wir
gehen auch arbeiten, weil wir damit Geld verdienen müssen.

Ich habe am eigenen Leib und durch viele Beratungen für Eltern erlebt, wie schwer es oft ist, den gesellschaftlichen Leistungsdruck von sich fernzuhalten und sich darauf zu besinnen,
was für Fähigkeiten und Werte uns im Leben wichtig sind.

Zukunftsängste sind für Eltern quälend, nehmen Kindern den
nötigen Halt in der Welt und sind in der Regel ein schlechter Begleiter, um Kinder zu selbstbewussten, eigenständigen Menschen zu erziehen. Deshalb sollten wir Eltern unsere Zukunfts-
gedanken ja nicht gleich über Bord werfen, und wir dürfen uns

auch gesellschaftliche Missstände nicht schönreden. Aber ich möchte dazu ermutigen, im Miteinander zu fragen, wozu die Angst im Moment gut ist. Denn leider hat ja niemand einen Sorgenschalter hinterm linken Ohr, mit dem die Angst einfach abzustellen ist. Doch zum Glück gibt es auch ohne Sorgenschalter Mittel, die helfen, aus der Angst herauszufinden: Schauen Sie hinter die Angst.

Fragen Sie sich in solchen angst- und sorgenvollen Momenten:

Muss ich mir wirklich gerade Sorgen machen?
Oder kann ich die Leistungsschwankung meines Kindes einfach als normale menschliche Schwankung erkennen und akzeptieren?

Ihr Kind geht als ganzes Kind zur Schule

Wenn Zukunftssorgen sich an den aktuellen Mathenoten des Kindes festmachen, hilft mir manchmal der Gedanke daran, dass Einstein mit 15 seinen Schulbesuch überhaupt erstmal abbrach. Viele Wege führen zum Ziel, und kein Mensch zeigt lineare Leistungskurven. Und in der Schule sitzt Ihr Kind als ganzes Kind. Als solchem begegnen ihm neben dem Unterricht auch andere Lernfelder, die für ein gesundes Leben äußerst wichtig sind: Es schult sich auch in seinen sozialen Kompetenzen.

So hat Ihre Tochter in Mathe vielleicht gerade diese andere Lerngelegenheit ergriffen und ihrer Banknachbarin zugehört, weil es der nicht gut ging und sie sich wegen eines eben in der Pause aufgetauchten Problems gar nicht konzentrieren konnte? Oder Ihr Sohn ist damit beschäftigt, sich einen Schutzpanzer zuzulegen, damit es nicht so weh tut, dass der beste Freund ihn gerade ausgelacht hat. Eine wichtige Fähigkeit für ein gesundes Leben, oder?

Ich finde, wir sollten aufhören, auf alles zu schimpfen. Ich würde auch nicht jeden Tag hoch motiviert zur Arbeit an einen Ort gehen, über den wir täglich so viel Schlechtes hören. Nicht alle Lehrer und Lehrerinnen sind doof, auch die Schulen nicht, auch sind nicht alle Eltern unfähig und schon gar nicht sind unsere Kinder alle minderbemittelt, weil sie bei PISA schlecht abgeschnitten haben. Ich möchte Sie ermutigen und Ihnen Hinweise geben, wie Sie das Jammern und Schimpfen einstellen können, wenn es Ihnen aus den Ohren hängt. Für die Würde und innere Freiheit von Eltern, Kindern, Lehrerinnen und Lehrern ist es besser, sich diese Frage zu stellen:

Was brauchen wir, damit es uns gut miteinander geht?

Motivation:
Was uns guttut, was uns antreibt

Um herauszufinden, was uns guttut, ist es wichtig, uns über unsere inneren Antriebe Gedanken zu machen. Die eigene Motivation ist ein wichtiger Schlüssel für gelingende Lernprozesse:

Ich begleite seit 16 Jahren unsere Kinder bei den unterschiedlichsten Lernprozessen. Es sind zwei Jungen und ein Mädchen, und sie sind gleich alt (nein, stimmt nicht: Sie sind nahezu gleich alt, d.h. sie sind Drillinge und mit jeweils einer Minute Abstand geboren, es gibt also einen Ältesten, eine Mittlere und einen Jüngsten. Darauf legen sie wert, das darf ich hier nicht unterschlagen!). Aber obwohl sie – fast – gleich alt sind und gleichzeitig mit uns aufwachsen, haben sie sehr unterschiedliche Persönlichkeiten und unterschiedliche Interessen. Das gilt auch für ihre Fähigkeiten und Interessen an der Schule: Einem fällt das Lernen fast von alleine zu, der andere ist mehr mit seiner Punkband beschäftigt, aber nebenher kontinuierlich gerne fleißig, und der

Dritten ist Schule im Moment immer erst dann wichtig, wenn es um die Versetzung geht und sie sich sehr einsetzt, diese Hürde wieder zu schaffen.

So erlebe ich es ständig, wie vermessen der Anspruch wäre, dass Kinder alle gleichermaßen und in gleicher Weise begabt sein und sich alle gleich stark für Mathe, Deutsch und Geschichte interessieren sollten. Und ich werde durch die Unterschiedlichkeit der drei Kinder täglich daran erinnert, dass ich meinen Anteil an ihren Erfolgen und Misserfolgen nicht überschätzen sollte. Oder glaubte ich etwa, dass ich jedes meiner Kinder zur Höchstbegeisterung für Mathematik motivieren könnte, wenn ich es nur »richtig« anstellen würde? Im Rausch eines Moments von überhöhten Ansprüchen an das Elterndasein kann einem solch eine fixe Idee schon mal passieren, aber die Kinder lehren mich eines Besseren: Jedes hat eigene Begabungen und eine eigene Persönlichkeit. Bei dem einen ist es eben eine Lust auf Logik und Mathe und bei der anderen gibt es vielleicht die Vorliebe für Sprachen. Das zu akzeptieren und mit seinen schönen Seiten zu genießen wirkt wunderbar gegen überhöhte Ansprüche und Leistungsdruck für mich und die Kinder. Sehr entlastend!

Wenn Sie sich positiv anschauen wollen, wie es mit der Motivation bei Ihrem Kind aussieht, versuchen Sie herauszufinden, was ihm gerade Spaß macht oder welches Fach sie oder ihn gerade interessiert.

Motivation als wichtiger Schlüssel des Lernens

Unsere Kinder haben sehr schnell das 1x3 gelernt, weil es im Alltag eine hohe Bedeutung für sie hatte. Es war wichtig, schnell mal zu prüfen, wie die Anzahl der Bonbons aus der Tüte, die Oma mitgebracht hat, durch drei Kinder zu teilen ist. Hierbei hatten alle drei Kinder unterschiedliche Strategien. Meine Tochter übte sich im schnellen Verteilen und Abzählen. Einer meiner Söhne entwickelte zeitgleich eine unendliche Geschicklichkeit, bereits mit einem Blick zu erfassen, dass der Haufen auf dem Tisch drei Bonbons für jedes Kind bedeutet. Das Ganze war jetzt also bereits zweifach auf Richtigkeit überprüft, und das dritte Kind lernte in diesen Situationen vor allem, dass auch Abwarten und Beobachten zum Erfolg führt.

Das Kind, das lernt, weil es etwas will, wird belohnt. Und zwar nicht mit Bonbons – sondern der Körper verfügt über ganz eigene, bonbonunabhängige Belohnungssysteme.

Darauf kommt es an: Intrinsische Motivation, die Motivation aus sich selbst heraus

Die intrinsische Motivation ist eine starke Antriebskraft. Durch sie lernen Kinder laufen, sprechen … ohne jegliche Belohnung oder gar Zensuren von außen. Wenn eine Aufgabe für ein Kind die richtige Dosis hat – d.h. nicht zu leicht ist, so dass sie genügend herausfordert, und auch nicht zu schwer, was das Kind überfordert –, dann ist innerlich der eigene Antrieb aktiv. Die körpereigenen Glücksbotenstoffe und guten Gefühle spornen das Kind wie von selbst an, weil es gerne noch mehr solche schöne Gefühle haben möchte. Motivation ist der Begriff für alle Prozesse, die körperliche und psychische Vorgänge auslösen oder am Laufen halten. Die intrinsische Motivation, die Motivation aus sich selbst heraus, ist dabei besonders hilfreich für das Gelingen der Schulzeit (was das für Eltern, Schüler und Lehrerinnen heißt und wann eine Schulzeit als gelungen

Was aber, wenn mein Kind kein Mathe mag?

Es gibt viele Möglichkeiten, wie wir die Motivation, auch die intrinsische, anstupsen können. Fast altersunabhängig können wir unseren Kindern kleine Hilfestellungen geben:

✿ Unterstützen Sie Ihr Kind dabei, der Matheabneigung auf die Schliche zu kommen, helfen Sie bei der Selbsterforschung: »Warum mag ich eigentlich Mathe nicht?« Versuchen Sie am besten erst einmal nur, Ihr Kind durch Fragen zu einer eigenen Antwort zu verhelfen. Je weniger Sie der Verlockung von ei-

betrachtet werden kann, darauf werde ich später noch eingehen). Das Schöne daran ist: Kinder sind aus sich selbst heraus neugierig und haben aus sich selbst heraus einen Antrieb, etwas lernen zu wollen. Mit der richtigen Portion eigener Motivation macht das, was wir tun, Spaß, und wir empfinden es als angenehm und wollen es weiterhin und wieder tun.

Wir alle kennen das: Wenn wir beispielsweise ein spannendes Buch lesen und gerne wissen wollen, wie die Geschichte ausgeht, dann vergeht die Zeit wie im Flug, und wir bemerken gar nicht, dass wir zwei Stunden gelesen haben. Wenn es aber darum geht, einen schwer verständlichen Text durchzuarbeiten, dessen Inhalt uns zudem nicht sonderlich interessiert, dann sind zwei Stunden eine halbe Ewigkeit, und wir empfinden sie als anstrengend und kaum auszuhalten.

Das Gleiche gilt auch für Ihr Kind: Wenn es Freude am Rechnen hat, sind die Matheaufgaben sicher kein Problem. Alles was wir gerne tun, beherrschen wir schneller und leichter.

gener Beurteilung erliegen, desto eher helfen Sie dem Kind zu reflektieren. Nachfragende Angebote von Ideen, woran es vielleicht liegen könnte, sind natürlich erlaubt!

✿ Helfen Sie Ihrem Kind herauszufinden, was am besten gegen die Matheabneigung und den Misserfolg zu tun wäre: »Was könnte helfen?«, »Wer könnte helfen?«, »Wie sollte wer am besten helfen?«

✿ Lassen Sie Ihr Kind die Erfahrung machen, dass viele kleine Schritte, die wir tun, oft besser sind als der Riesenschritt, den wir mit unseren kurzen Beinen einfach nicht machen können und der also unterbleibt. Wenn Ihr Kind sich selbst ein kleines Ziel setzt, und wenn es nur ein ganz kleines ist, dann wird ihm dies mehr helfen, als wenn am Horizont leuchtend, aber unerreichbar eine fantastische Mathe-1 erstrahlt. Hat Ihr Kind das ganz kleine Ziel erreicht, das eigene, dann kann es stolz darauf sein, dann wird sich das gut anfühlen – und Ihr Kind wird selbst überlegen, welches das nächste kleine Ziel, der nächste kleine Erfolg sein soll.

✿ Manchmal ist selbst bei genauestem Nachspüren innerlich keine Spur von Motivation für beispielsweise eben Mathe zu entdecken. Dann können Sie gemeinsam mit Ihrem Kind versuchen, die Motivation von außen, durch eine Belohnung in Gang zu bringen. Lesen Sie mehr dazu auf der Seite 54.

Wie motiviere ich mein Kind, wenn es keine Lust zu lesen hat?

Dies ist – oft lange bevor die Mathe-Thematik auf den Tisch kommt – ein Dauerbrenner in den ersten Schuljahren. Ich hatte das Glück, dass Harry Potter zu einem Zeitpunkt auf den Markt kam, an dem unsere Kinder im Grundschulalter waren:

Das erste Buch haben wir den drei Kindern angefangen vorzulesen. Da sie nicht den nächsten Abend abwarten konnten, an dem wir Eltern endlich wieder Zeit zum Weiterlesen hatten, haben sie angefangen, sich gegenseitig vorzulesen. Wir waren beeindruckt, wie lange schon jedes einzelne Kind konzentriert lesen konnte und wie gut es klappte, dass die drei sich beim Lesen abwechselten. Beim zweiten Band war Leseförderung dann kein Thema mehr. Es hat sie so brennend interessiert, dass sie alle anderen Interessen zurückgestellt haben, aber dann auch nicht aushielten, dass die anderen vorlesen sollten, sondern alle einzeln und leise für sich lesen wollten. Da wir den Band nur einmal und nicht dreimal kaufen wollten, gab es jetzt viel Übung in der Fähigkeit untereinander zu verhandeln. Klar wollte jedes Kind zuerst weiterlesen, und es gab viel Streit. »Immer darfst du zuerst!«, »Ich komme nie zuerst dran, das ist ungerecht! Gestern hast du schon als Erste den Pudding gekriegt!«, »Nein, jetzt bin ich dran!« Es schien kein Ende zu nehmen, und ich sehnte mich danach, dass sie uns bitten würden, wieder vorzulesen. Aber da die eigene Lesefreude für die Kinder sehr im Vordergrund stand, wollte ich ihnen nichts aufdrängen und zwang mich, ihren Streit auszuhalten. Mit Erfolg: Die Kinder begriffen, dass wenn sie sich weiter streiten, niemand in den Genuss des Lesens käme, und dass es darin, wer anfangen dürfte, auch keine gerechte Lösung geben kann. Also haben sie sich geeinigt, dass sie immer der Reihe nach für eine Stunde lesen dürfen. Die Reihenfolge des Anfangs haben sie mit Losen geklärt, die sie in unsere Hände gaben, damit niemand in die Verlegenheit käme, schummeln zu wollen. Ich habe sehr gestaunt, wie die drei im Alter von neun Jahren in der Lage waren, ein so großes Problem eigenständig zu lösen. Sie haben es jeder für sich sehnlich gewollt. Sie waren innerlich hoch motiviert und haben neben der inhaltlichen Klärung etwas Wichtiges fürs Leben gelernt. Ein besseres Konflikttraining als diese Gelegenheit, sich wirklich aus tiefstem Herzen einigen zu wollen, habe ich nur selten erlebt. Und im Sinne von Leseförderung brauchte ich mir ab dem Zeitpunkt keine Gedanken mehr zu machen.

Tipps zur Leseförderung

❀ Sicher passt Harry Potter nicht für alle Kinder. Aber wenn Sie Ihr Kind mit dieser Lektüre in Berührung bringen können, versuchen Sie es! Die Wahrscheinlichkeit, damit erste Leserausch-Erlebnisse für Kinder zu initiieren, ist ziemlich hoch. Meiner Erfahrung nach gilt das für Mädchen und Jungen.

❀ Oder Sie nehmen sich einen Nachmittag Zeit, mit dem Kind in der Buchhandlung ein Buch zu finden, was ihr Kind wirklich spannend findet. Es lohnt sich! Bei uns ist der Harry-Potter-Rausch jedenfalls so weit gegangen, dass ich in der Überlegung war, das Buch abends wegzuschließen, weil die Kinder es sich nachts heimlich geholt haben, stundenlang mit Taschenlampe lasen und dann morgens nur schwer wach zu bekommen waren. Im Sinne der Leseförderung und weil ich mich so gefreut habe, dass sie eine solche Lesebegeisterung entwickelt haben, haben mein Mann und ich uns dann aber entschieden, dass wir den Kindern erst einmal ihre heimliche Freude lassen und taten so, als bekämen wir die nächtlichen Überstunden nicht mit. Das Nachholen des verpassten Schlafes hat sich danach von ganz allein eingestellt.

❀ Auch Rituale können hilfreich sein, wenn Sie die Lesefähigkeiten Ihres Kindes fördern möchten: Eine fest installierte, gemütliche Lesestunde am Sonntagmorgen im Bett, die mit Kuscheln und Zeit füreinander verbunden ist, wird dazu führen, dass Ihr Kind Lesen mit schönen Erlebnissen koppelt.

❀ Gibt es in Ihrem Wohnort eine Bücherei? Einmal im Monat eine Stunde in der Bücherei zu stöbern kann ein schönes gemeinsames Erlebnis sein.

❀ Für Kinder im Teenageralter starten wir gerade den Versuch, unser Ritual aufrechtzuerhalten, alle Ferien damit einzuläuten, zusammen in die Stadt zu fahren, essen zu gehen und die Buchhandlung aufzusuchen. Jedes Familienmitglied bekommt aus der Ferienkasse ein Buch spendiert, und bisher blieb keines ungelesen.

❀ Ist es für Ihr Kind noch sehr anstrengend, Sinn entnehmend und zusammenhängend zu lesen, dann kann es eine Möglichkeit sein, Zeilen abwechselnd mit dem Kind zu lesen und sich über das Gelesene zu unterhalten. Wenn das Kind merkt, dass Sie es auch genießen, wenn Sie etwas vorgelesen bekommen, wird es vielleicht einen zusätzlichen Antrieb verspüren. Hat es gerade mehr Spaß daran, Sie zu ärgern, dann dürfen Sie ab und zu einen Spaß machen und absichtlich falsch vorlesen. Dadurch merken Sie, ob Ihr Kind bei der Sache ist, und erlauben ihm vielleicht eine diebische Freude beim Korrigieren.

❀ Alles was Ihnen miteinander guttut, ist hilfreich. Jedes pflichtbewusste Ausführen von täglichen zehn Minuten Lesen kann auch zur riesengroßen Quälerei werden und sich als Negativ-Ritual verfestigen. Haben Sie dann lieber den Mut, eine Pause zu verabreden, oder fragen Sie Ihr Kind, wann es wieder mit Ihnen üben möchte oder ob es lieber alleine oder mit jemand anderem üben möchte.

❀ Nehmen Sie sich die Freiheit, auch selbst zu überlegen, wie Sie gerne vorgehen würden, und fragen Sie Ihr Kind, wie es seiner Meinung nach am besten geht, lesen zu lernen, und was ihm helfen könnte. Sicher hat auch die Lehrerin einige Anregungen gegeben, wie Eltern ihr Kind zu Hause beim Lesenlernen unterstützen können. Bauen Sie die Vorschläge, die Ihnen gefallen, in Ihre Überlegungen mit ein und schlagen Sie Ihrem Kind etwas davon vor.

❀ Wichtig ist, dass Sie Ihr Kind wirklich ernst nehmen und darauf vertrauen, dass es ein gutes Gespür dafür entwickelt, was es braucht.

Übrigens: In Finnland werden alle ausländischen Filme nicht synchronisiert, sondern mit finnischen Untertiteln gezeigt, was ein tolles Training für finnische Kinder im schnellen Erfassen eines Textes bedeutet – ohne dass Eltern zum Lesenüben auch nur ein Wort der Motivation aussprechen müssen ...

Etliche der Tipps zur Lesemotivation sind abgewandelt ebenso hilfreich, wenn es um Vokabellernen oder später große Geschichtsreferate geht: Wenn der Antrieb von innen nicht (gleich) da ist, dann können Sie ihn in Gang bringen (siehe Kasten). Setzen Sie auf positive Erlebnisse in Verbindung mit dem Lernthema und auf die Anregung zur Selbstreflexion: Was ist da eigentlich los? Und möchte ich das ändern? Und wie kann ich das ändern?

Das kann auch helfen: Extrinsische Motivation, von außen durch Anreiz geschaffene Motivation

Wenn es mit dem eigenen Antrieb nicht klappt, können auch Anreize von außen, sprich Belohnungen helfen. Extrinsische Motivation ist natürlich erlaubt, hilft in der Regel kurzfristig gut und kann auch zu intrinsischer Motivation für spätere Erfahrungen führen. Besonders günstig kann es sein, wenn sich das Kind selbst die passende Belohnung wählt. Vorsicht jedoch bei sich wiederholenden, immer gleichen äußeren Anreizen, die ihren Reiz natürlich schnell verlieren können!

Die nachfolgende Geschichte aus meiner Kinder- und Jugendgestalttherapeutischen Arbeit zeigt, dass auch schon kleinere Kinder sagen können, was für sie hilfreich ist:

Paula ist fünf Jahre alt und gerade Vorschulkind geworden. Noch immer liebt sie es, bei Müdigkeit an ihrem Schnuller zu nuckeln. Sie ist daran gewöhnt, darüber die Spannungen des Tages abzubauen. Alleine für sich hat sie kein Problem damit, aber vor den anderen Kindern wird es ihr jetzt richtig peinlich, und eigentlich findet sie, dass es gar nicht geht, ein großes Schulkind zu werden und gleichzeitig noch so ein »Babyding« zu brauchen. Vor der letzten Kindergartenübernachtung hat sie den Schnuller ganz heimlich unten tief in der Tasche versteckt und gehofft, dass sie ihn vielleicht in der Not ganz kurz zwischendurch und von den anderen Kindern unbemerkt nuckeln kann. Das klappte nicht, Paula kam damit nicht zurecht, brach die Übernachtung ab und ließ sich von ihren Eltern abholen. In der Folgezeit ist sie sehr unglücklich über dieses Erlebnis und darüber, dass es ihr nicht gelingt, den Schnuller wegzulassen. Ich kenne Paula und ihre Mutter bereits länger, die Mutter ist sehr bemüht, Paula zu unterstützen, und möchte von mir einen Rat bezüglich des Umgangs mit dem Schnuller.

Wir sprechen zusammen mit Paula, und ich erkläre Paula, dass Mama mir von ihrer Not erzählt hat und dass ich mir vorstellen kann, dass das ganz schön schwierig für sie ist mit dem Schnuller. Paula nickt. Als ich sie frage, ob sie vielleicht selbst eine Idee hat, was ihr helfen könnte, damit es ihr ein bisschen leichter wird, den Schnuller wegzulegen, sagt sie erst nichts. Ich frage genauer, ob ihr vielleicht irgendetwas Schönes – als eigene kleine Belohnung – einfalle, worauf sie sich freuen könnte und was ihr helfen würde. Sie überlegt kurz, strahlt dann plötzlich ihre Mutter an und sagt wie aus der Pistole geschossen:»Ja, Mama, wenn du und ich – wir beide ganz alleine – ein ganzes Wochenende einen Ausflug machen würden. Das wäre schön! Das würde mir helfen.«

… Und es hat geholfen! Paula hat nach dem Gespräch den Schnuller weggelegt und nicht wieder hervorgeholt. Sie kam über kurze Schnullersehnsuchts-Momente mit der Freude auf den gemeinsamen Ausflug gut hinweg. Sie hatte eine innere Entscheidung getroffen und beeindruckend deutlich formuliert, was ihr helfen könnte, um die Entscheidung umzusetzen.

Bei Paula hat der äußere Anreiz auch zu etwas langfristig Gutem geführt, weil sie über die schönen Gefühle, es selber geschafft zu haben, eine deutliche Stärkung ihres Selbstbewusstseins erfahren hat. Ausschlaggebend hierfür war sicher, dass sie die Belohnung selbst gewählt hat. Darauf kann sie beim nächsten Problem zurückgreifen und wieder nach dem Fluss körpereigener Glücksbotenstoffe streben und danach, stolz auf sich selber zu sein.

Glücksgefühle entstehen weder bei großen noch bei kleinen Menschen durch bloße Pflichterfüllung, sondern darüber, dass wir zufrieden mit uns selbst und stolz auf unseren Erfolg sind.

Belohnungen in anderer Form wirken oft nicht langfristig. Wenn Kinder immer fünf Euro für eine 1 bekommen, besteht die Gefahr, dass sie das im Laufe der Zeit als langweilig empfinden und es nicht mehr wirkt.

Übrigens: Was demotiviert eigentlich Schüler und Schülerinnen?

Reinhard Sprenger, ein bekannter Managementberater mit kritischem Blick auf die vielen Motivationsprogramme für Unternehmen, stellt in seinen Seminaren den Unternehmern die Frage, warum sie denn überhaupt etwas zur Motivation ihrer Mitarbeiter tun müssten und was sie denn zunächst getan haben, dass ihre Mitarbeiter demotiviert seien?[1]

Diese Frage können wir auch hinsichtlich Schule stellen.

Woran liegt es eigentlich?

Immer wieder diese Frage. Wenn es mit dem eigenen Antrieb nicht klappt, sollten wir das Kind jedoch niemals bedrängen. Überlegen wir besser noch einmal, woran es liegen kann – wenn möglich, gemeinsam mit dem Kind oder eben zunächst für uns allein:

❀ Ist es momentane Unlust?
❀ Ist das Kind müde und unausgeschlafen?
❀ War jetzt diese Aufgabe zu schwer?
❀ Verstehe ich gerade nicht, worum es dem Kind geht, und bin ich damit überfordert?
❀ Sind es grundlegende Einstellungen, die meinen Sohn im Moment spaß- und antriebslos zur Schule gehen lassen?
❀ Gibt es Konflikte mit Mitschülerinnen oder Lehrern, die mein Kind nicht allein bewältigen kann und die es von seiner natürlichen Neugierde abhalten?
❀ Ist dem Kind die Aufgabe zu leicht?
❀ …

Probieren Sie aus, ob Sie anhand dieser oder ähnlicher Fragen eine Lösung für sich finden.

Weitere Ideen zum Ausprobieren:

❀ Mathe mit Mama und Englisch mit Papa? Oder umgekehrt? Manchmal hilft ein Wechsel des Gesprächspartners für das Kind. Oder eine grundlegend neue Zuständigkeit: In einer »vorpubertär-zickigen« Phase meiner Tochter suchte sie auf allen Ebenen so stark nach Reibung mit mir, dass ich mich lieber auf die vielen anderen lebensnotwendigen Alltagsauseinandersetzungen mit ihr beschränken wollte. Hausaufgabenhilfe funktionierte zu dieser Zeit zwischen uns beiden gar nicht, und es war gut, dass dies mein Mann übernahm und ich eher die beiden Jungen unterstützen konnte.

✿ Selbsterforschung: Versuchen Sie doch einmal, Ihre Eindrücke zu trennen: Im Beisein der Kinder stellen Sie mit anderen Eltern eher das, was gut läuft – an der Schule, mit den Lehrerinnen und Lehrern, zwischen den Kindern – in den Gesprächsmittelpunkt. Und das, was Sie stört, sprechen Sie eher in Abwesenheit der Kinder bei einem Elternstammtisch an, bei dem Sie ruhig auch erst einmal ganz unsortiert schimp-

Lob kann Flügel wachsen lassen

»Lob ist wie eine Feder. Von Zeit zu Zeit ein Lob, und Menschen bekommen Flügel.« (Phil Bosmans) Wenn Sie unterstützen möchten, dass Ihr Kind über sich selbst hinauswachsen darf und beflügelt – sprich motiviert – an die Aufgaben geht, halten Sie doch mal gezielt Ausschau nach Gelegenheiten zu einem Lob. Leider scheint es bei uns wie bereits erwähnt manchmal gesellschaftlich erwünschter, kritisch zu sein, als nach dem Positiven Ausschau zu halten. Das führt dazu, dass wir keine sehr ausgeprägte Lobkultur haben. Auf einer Tagung begegnete mir einmal eine Arbeitsgruppe, die das Schild »Was wir nicht schon wieder falsch machen dürfen« an der Tür kleben hatte. Spontan war ich sehr froh, nicht in diese Arbeitsgruppe zu gehören. Motivierender hätte ich es gefunden, sich zuerst der Dinge zu widmen, die gut gelaufen sind: zuerst zu loben und sich dann der sicher notwendigen kritischen Auseinandersetzung zu widmen. Das geht Erwachsenen ebenso wie Kindern:

Jedes Kind möchte Anerkennung und Zuwendung. Das gehört zu unseren menschlichen Grundbedürfnissen. Kein Mensch ist in der Lage, seine Kraft nur aus sich selbst heraus zu schöpfen. Wir brauchen den Vergleich mit den anderen und Rückmeldungen darüber, wie andere das – wie wir sind und was wir tun – einschätzen und beurteilen.

fen können. Wenn etwas emotional sehr aufgeladen ist, muss das Gefühl manchmal erst einmal heraus. Das hilft, um danach sortieren zu können, was Sie hinsichtlich schlechten Strukturen, schwierigem Lehrerverhalten oder anderen Problemen tun wollen. Die Kinder sollen bei allen Dingen auf jeden Fall einbezogen werden, denn um sie geht es ja in der Schule in erster Linie. Aber unsortiertes Schimpfen sollten Sie den Kinderohren zunächst ersparen.

✿ Lob: Heute schon Ihr Kind gelobt? Ich weiß nicht mehr, was die Quelle dieses Satzes ist, aber manchmal ist was dran! Doch es gibt auch diese Tage, an denen einer Mutter/einem Vater ein Lob erst so gar nicht einfallen will, weil sowieso schon alles schiefgelaufen ist. Heute war Meckermama-Tag? Versuchen Sie nach so einem Tag mild zu sich selber zu sein und sich zu verzeihen. Vielleicht möchten Sie sich auch bei Ihrem Kind entschuldigen? Dann tun Sie das ruhig. Auch ein Kind kennt »schlechte Tage«.

✿ Idee: Lobtagebuch: Machen Sie sich auf Entdeckungsreise zu den guten Seiten ihres Kindes. Es gibt jeden Tag viele kleine (oder auch große?) Dinge, die Ihr Kind richtig gut meistert. Vielleicht haben Sie Lust, einen Monat lang jeden Abend eine kleine Sache in ein Heft zu schreiben?

Sollten Sie sich trotzdem weiter Gedanken machen, ob es Ihrem Sohn/Ihrer Tochter an eigenem Antrieb fehlt, oder Ihr Kind reagiert gerade mit sehr massiver Unlust und Verweigerungshaltung, dann sprechen Sie mit der Klassenlehrerin darüber. Lässt sich das Problem auch auf diese Weise nicht lösen, dann scheuen Sie sich nicht, eine Fachstelle zu Rate zu ziehen. Das kann der Schulpsychologe sein, eine Erziehungsberatungsstelle oder auch eine Kinder- und Jugendlichenpsychotherapeutin. Das ist keine Schande, und bevor Sie und Ihr Kind sich zu lange quälen, entlasten Sie sich lieber und holen sich Hilfe.

5. Besser lernen: Mit Herz und Verstand

Im fünften Kapitel geht es darum, wie Lernen stattfindet, ob wir wollen oder nicht. Und es gibt viele alltagspraktische Lern-Tipps.

Sage es mir und ich werde es vergessen!
Erkläre es mir und ich werde mich erinnern!
Lass es mich tun und ich werde es verstehen!
Konfuzius

In diesem Kapitel geht es um das Lernen »für die Schule«, für die Klassenarbeit, für Noten, um das Aufnehmen, Einprägen und Anwenden von Informationen, von Rechtschreibregeln, Städtenamen, unregelmäßigen Verben, von Formeln, physikalischen Gesetzen, Namen von Menschenfreunden und Menschenfeinden.

Wir wissen, dass Lernen mehr bedeutet als das Aufnehmen, Verarbeiten und Umsetzen von Informationen. Jeder Mensch macht jeden Tag immer wieder neue Erfahrungen, sein Leben lang. Lernen bedeutet nicht nur kognitiven Wissenserwerb, sondern ist ein lebendiger und lebenslanger Prozess durch sich wandelnde Einstellungen, Verhaltensweisen und verändertes Erleben; ohne Lernen findet keine Entwicklung im Leben statt.

Richten wir mit diesem Wissen jetzt unseren Blick auf ganz alltagspraktische Hinweise und Tipps zu Lernstrategien und

61

Lernorganisation, damit wir unsere Kinder bei ihren alltäglichen Lernbestrebungen, -unternehmungen und -bemühungen unterstützen können.

Wie geht Lernen?

Das wollte ich direkt von jemandem erfahren, der es täglich tut, und fragte die 15-jährige Charlotte: »*Was hast du denn in der Schule darüber gelernt, wie das Lernen am besten geht?*« *Große Augen blicken mich verständnislos an.* »*Nichts!*«, *lautet ihre Antwort. Ich bin erstaunt und denke, dass das nicht sein kann: in neun Schuljahren NICHTS über das Lernen gelernt zu haben! Ich bin mir sogar sicher, dass sie eine Menge über das Lernen gelernt hat, aber sie weiß es nicht. Doch als ich nachfasse, dass sie bestimmt gute Lernstrategien kenne, sie habe doch gerade in letzter Zeit ihre Noten so verbessert und wie sie denn das gemacht habe, gibt sie mir mit leuchtenden Augen das Heft einer Krankenkasse:* »*Gesund lernen. Gegen Prüfungsangst und Klausurenstress.*« *Das 38-seitige Heft habe ihr ein 17-jähriger Freund zugesteckt.*

Charlotte kann lesen und schreiben und hat es in die 9. Klasse eines Gymnasiums geschafft. Prüfungsangst und Klausurenstress haben sie jedoch vergessen lassen, dass sie bereits erfolgreiche Lernstrategien kannte. Also hat sie sich über Gespräche mit Freunden eine Hilfe für besseres Lernen gesucht und wurde durch das Heft an einiges erinnert, was sie in der Schule über das Lernen gelernt hatte. Charlotte hat also einen guten Weg für sich gefunden. Aber absurd ist es schon, dass sie *diesen* Weg fand: Es geht doch in der Schule um das Lernen!

Sollten Sie sich jetzt auch wegen gesunder Lernstrategien an Ihre Krankenkasse wenden? Warum nicht? Der direktere Weg ist es natürlich, wenn Ihr Kind sich an die Lehrerinnen und Lehrer wendet bzw. wenden kann. Doch in der Regel sind auch hierfür Sie – die Eltern – die ersten Ansprechpartner.

Lernen unter positiven Bedingungen

Gefühle steuern in hohem Maß unser Verhalten. Im Kapitel 4 zur Motivation bin ich bereits darauf eingegangen, dass wir nach unseren körpereigenen Belohnungen, nach den positiven Gefühlen, streben. Aus der Hirnforschung wissen wir, dass auch Lernen immer etwas mit unseren Emotionen zu tun hat. Lernen ist kaum möglich, wenn wir gerade heftige Wutattacken hatten. Und es ist ernsthaft eingeschränkt, wenn wir uns mit uns selbst oder mit den Dingen, die wir tun, nicht wohlfühlen. Je positiver unsere Stimmung ist, desto leichter können wir Informationen aufnehmen und dauerhaft in unserem Gehirn speichern.

Herz und Verstand stehen in gegenseitiger Wechselwirkung miteinander und lassen sich nur kurzfristig überlisten, wenn wir sie getrennt voneinander in Anspruch nehmen wollen. Und sie wohnen gemeinsam in unserem Körper, der sich auch beschweren wird, wenn wir ihn missachten und schlecht mit ihm umgehen. Dies alles ist bei der Auswahl der richtigen Lernstrategien zu bedenken und zu erfühlen.

Es ist immer hilfreich, auf die Suche zu gehen, was es für einen persönlichen Bezug bei dem zu lernenden Thema für Ihr Kind geben könnte. Was genau könnte ihr Kind daran interessieren? »Bei den vollgestopften Lehrplänen? Bei diesem immer umfangreicheren Schulwissen?«, werden Sie jetzt vielleicht denken. »Wie soll das gehen, daraus eine selbstbestimmte, auf die natürliche Neugier meines Kindes bezogene Lernerfahrung zu basteln?«

Das geht sicher nicht bei jedem Thema, aber oft drängen sich hilfreiche Ideen geradezu auf: Wenn beispielsweise die Hauptstädte der verschiedenen Bundesländer zu lernen sind, ist das bestimmt leichter, wenn Ihr Kind diese mit Durchreiseerlebnissen nach Italien oder mit netten, dort lebenden Verwandten koppelt. Und wahrscheinlich macht allen ein gutes Abendbrot Spaß, bei dem Ihr Kind mit Ihnen und dem großen Bruder in Wettstreit tritt, wer die besten Eselsbrücken findet, um sich die Namen der Hauptstädte zu merken.

Übrigens: »Kleine Kinder lernen besser, wenn sie jemandem von ihren Aufgaben erzählen können«[1]

Wenn ein Kind ein schwieriges Problem wälzt, kommt es der Lösung in der Regel ein Stück näher, wenn es jemandem davon erzählen kann. Das haben Psychologen herausgefunden und mit einem Experiment, das sie mit Vorschulkindern durchführten, belegt: Sie gaben den Kindern in drei Vergleichsgruppen Aufgaben. Die erste Gruppe von Kindern sollte sich zwischenzeitlich die Lösungen selber erzählen, indem sie diese auf einen Kassettenrekorder sprachen. Die zweite Gruppe sollte der Mama berichten, die instruiert war, einfach nur still zuzuhören. Und die dritte Gruppe von Kindern durfte über die Arbeit gar nichts erzählen. Am besten haben die Kinder abgeschnitten, die ihrer Mama die Lösungen erklärt haben. Die Psychologen, die diesen Versuch durchführten, zogen daraus den Schluss, dass bereits bei kleinen Kindern das Formulieren der Lösungswege auch das Nachdenken über die Aufgabe fördert.

»Besonders bei einem (scheinbar) unwissenden Zuhörer sind die Erklärungen detaillierter und genauer. Je öfter die Kinder ihre Erklärung wiederholen, desto besser prägen sie sich auch ein.

Manche Schulen nutzen dies und geben bereits ihren Zweitklässlern die Möglichkeit, ihr Wissen an die noch unwissenden Erstklässler weiterzugeben, indem sie gemischte Klassen anbieten. Für die Eltern bedeutet es, sich ruhig mal zurückzunehmen, sich dumm zu stellen und die lieben Kleinen selbst auf die Lösung kommen zu lassen und ihnen geduldig zuzuhören, wenn sie ihre Lösungswege erklären.«[2]

Was die viel zu vollen Lehrpläne betrifft: Da muss natürlich etwas geschehen, darüber sind sich die Kinder mit den meisten Lehrerinnen, Lehrern und Eltern einig. Und ehrlich gesagt, habe ich auch noch keinen Experten sagen hören:»Oh prima! Jetzt haben wir die Lehrpläne aber so richtig schön zum Platzen voll bekommen.« Das Problem ist eher, dass es viel zu lange bis zu einer Einigung braucht, auf welche Themen jeweils zu verzichten ist, wenn neue hinzukommen.

Doch unabhängig davon, ob und wann da etwas geschieht, macht es Sinn, sich ein wenig»Gewusst wie« fürs Lernen bzw. die Lernbegleitung Ihrer Kinder anzueignen. Denn ganz gleich, ob sehr viel oder nur viel zu lernen ansteht: ein wenig Strategie und Organisation macht's leichter.

Alltagsbewährte Lernstrategien: Meine Auswahl

Als ich Charlotte nach Lernstrategien gefragt habe, wusste sie zunächst keine zu nennen – obwohl sie ja in der Schule ständig Anleitungen zum Lernen bekommt. Ich habe mich hier entschieden, aus der Vielzahl von Strategien diejenigen auszuwählen, die ich für besonders hilfreich halte und dafür geeignet, dass sie mit geringem Aufwand auch gut im Familienalltag umzusetzen und einzuüben sind. Besser einige wenige Hilfen, auf die Sie und Ihr Kind sicher zurückgreifen können, als viele, die Ihrer Tochter oder Ihrem Sohn nicht einfallen, wenn es ans Lernen geht. Betrachten Sie die nachfolgende Auflistung also bitte nicht als Plan, den Sie mit Ihrem Kind abarbeiten müssen; das würde sicher nur neue Unlust erzeugen. Sehen Sie das Folgende als einen kleinen Fundus, aus dem Sie auswählen, was Ihrem Kind am besten hilft. Wenn Ihr Kind alt genug ist, ist es natürlich am sinnvollsten, wenn es die Tipps selbst durchforstet.

1. Bevor Ihr Kind anfängt, sollte es sich das **Lernziel** setzen. Bei größeren Kindern empfiehlt sich, dazu eine Art kleinen *Arbeitsplan* zu erstellen. Gemeint ist einfach ein Zettel, auf dem Ihr Kind notiert, was es sich vorgenommen und zu erledigen hat. Eine Art kurzer Ablaufplan, dessen einzelne Punkte mit Freude nach der Erledigung mit einem Haken versehen werden können. In diesem Arbeitsplan führt Ihr Kind am besten die Arbeitsschritte auf und den Termin, wann es diese ausführen wird: Bei größeren Vorhaben wie beispielsweise der Erstellung einer Projektarbeit können Tages-, Wochen und Monatsziele aufgeführt werden. Bei kleineren Vorhaben und zum Einüben mit kleineren Kindern kann Ihr Kind auch einfach mit Ihnen besprechen, was es am Nachmittag in welchen Schritten erreichen will: Zuerst erledigt es die Mathehausaufgaben, dann macht es eine kleine Pause, und schließlich malt es das Bild für Religion fertig.

Wichtig hierbei ist: Unterstützen Sie Ihr Kind darin, den Stoff in *überschaubare Portionen* einzuteilen. Wir kommen besser in vielen kleinen Schritten, die wir ausführen können, voran, als in einem Riesenschritt, den wir nicht schaffen können, weil wir keine Riesen sind. Hierbei geduldig zu sein fällt leichter, wenn Sie stets die Augen offen halten auch für kleine Erfolge und diese entsprechend würdigen.

Konkreter Verzettelungsschutz und Nebelleuchte: Achten Sie darauf, dass die Aufgabe, der kleine Schritt, der zu erledigen ist, konkret benannt wird. Dann weiß Ihre Tochter oder Ihr Sohn, was genau sie oder er zu tun vorhat.

2. Leiten Sie Ihr Kind dazu an, die Lerninhalte nach dem System **»Maximal 7 Punkte«** zu strukturieren: Denn als durchschnittlich begabte Menschen können wir uns etwa sieben Punkte leicht einprägen – mehr nicht. Nehmen Sie diese Übersicht zu Lernstrategien als Beispiel: Statt 18 Tipps nacheinander aufzulisten, führe ich in der oberen Kategorie sechs Hinweise auf und, wenn nötig, zu einem Hinweis *Unterpunkte* (wieder maximal sieben, besser weniger). Die *optische Kennzeichnung* erleichtert das Einprägen: Das Merkwort zu dem Hauptpunkt

hebe ich fett hervor, Merkwörter zu Unterpunkten kursiv. Ihr Kind arbeitet vielleicht gerne mit Farben oder mit Unterstreichungen oder kleinen Symbolen. Auch dann sollte es nach dem Schema »Maximal 7 Punkte« den Stoff in Ober- und Unterpunkte und eventuell Unterunterpunkte etc. einteilen.

3. **Wissen** können wir besser aufnehmen, wenn wir es **mit** vorhandenem **Vorwissen verknüpfen.** Regen Sie Ihr Kind dazu an, immer wieder selbst solche Verbindungen herzustellen. *Emotionale Verbindungen* sind besonders einprägsam (siehe oben Beispiel Städtenamen/nette Verwandte). *Humor* ist auch sehr wirksam: Je merkwürdiger und komischer die Eselsbrücken und Assoziationen sind, die wir für das, was wir uns merken wollen, finden, desto wahrscheinlicher werden diese im Gehirn abgespeichert.

Auch *Schaupielern*, das Vortragen eines zu lernenden Textes oder ein Spiel mit Freunden dazu, kann die Erinnerung sehr gut festigen.

4. **Wiederholen, wiederholen, wiederholen, wiederholen.** Bis eine Information den Weg in das Langzeitgedächtnis gefunden hat, brauchen wir vier *Begegnungen möglichst verschiedener Art.* Die Vokabeln können zum Beispiel einmal mündlich, einmal schriftlich gelernt werden. Am nächsten Tag lässt sich Ihr Kind vielleicht abfragen. Und später bitten Sie es, Sätze mit den verschiedenen Vokabeln zu bilden, oder verwickeln es in ein Gespräch dazu. Zwischen den Wiederholungen sollten auch größere *Pausen* liegen. Für die Vokabelarbeit am nächsten Morgen mag es helfen, für das langfristige Einprägen kaum, wenn Ihr Kind die 20 Vokabeln im Laufe eines Nachmittags viermal hintereinander abspult.

Am sprichwörtlichen *»Lernen wie im Schlaf«* ist tatsächlich etwas dran: Hirnforscher haben herausgefunden, dass die Muster unserer Hirnströme sich über Nacht verändern und das Gehirn diesen Zustand nutzt, die verschiedenen Reize des Tages neu zu sortieren und »… Zusammenhänge herzustellen, die im Wachzustand übersehen wurden.«[3]

Wiederholen von bereits geübtem Stoff vor dem Schlafengehen hat also durchaus einen Sinn. Genügend Schlaf ist hierfür natürlich auch nötig.

5. **Der gute Anfang:** »Womit fange ich heute an? Ist es besser, erst Mal ein Erfolgserlebnis zu haben, oder belohne ich mich mit einer leichteren Aufgabe, nachdem ich die schwierige gelöst habe?« – Je früher im Leben Sie Ihre Tochter oder Ihren Sohn dazu anleiten, für sich die jeweils tagesaktuell richtige Reihenfolge selbstständig festzulegen, desto früher erleichtert dies jegliches Lernen und Arbeiten. Denn die Beantwortung der Frage »Womit fange ich heute an?« führt zu Selbstbeobachtung und Beachtung der eigenen Fähigkeiten, Wünsche und Möglichkeiten.

6. Beziehen Sie sich – wenn möglich – auf die **Lernerfahrung Ihres Kindes** und fragen Sie Ihr Kind, was es selbst meint, wie es gut lernen kann. Es setzt bereits viele Lernstrategien ein und begegnet in der Schule immer wieder neuen Lernstrategien – unter Umständen, ohne dies bewusst mitzubekommen. Fragen Sie nach, beispielsweise, wenn es sich Daten aus dem Geschichtstext einprägen will: Reicht es, wenn es den Text einmal liest? Probieren Sie mit Ihrem Kind aus, ob es einprägsamer ist, wenn es den Text einmal ganz liest, dann die Hauptaussagen des Textes herausschreibt, selbst Fragen formuliert und noch einmal mit Blick auf mögliche Antworten liest. Vielleicht gibt es auch Bilder zu dem Text, deren Betrachtung und Interpretation wieder einen anderen Bezug schaffen? Oder hilft es Ihrem Kind mehr, wenn es im Text mit Bleistift etwas anstreichen kann oder die Oma fragt, was sie zu dem Thema noch weiß? Gibt es vielleicht einen Roman oder einen Film zum Thema?

Den bewussten Einsatz von Lernstrategien fördern Sie auch durch gemeinsame *Rückblicke auf den Erfolg*: »Oh, das ist ja ein schönes Ergebnis in dieser Geschichtsarbeit. Was meinst du, was dir bei der Vorbereitung am besten geholfen hat?«

»Konzentrier dich!« –
Wie geht das eigentlich?

Wir Großen kennen das auch: Manchmal will es einfach nicht gelingen, die Gedanken schweifen ab, wir möchten vor uns hinträumen und die Luft ist raus, um konzentriert weiterzuarbeiten. »Konzentrier dich!« im Imperativ – das kann wohl kein Mensch wirklich auf Befehl. Falls nur kleine Ablenkungen die Konzentration gestört haben, mag es auch mal mit dieser Ermahnung wieder zurück zum Thema gehen. Aber in der Regel nutzt sie nichts, sondern stresst alle Beteiligten.

Besser ist es, der Ursache für das Nachlassen der Aufmerksamkeit auf den Grund zu gehen:

❁ Gibt es eine Unter- oder Überforderung? Das führt schnell zu Motivationsmangel und in der Folge schwächelnde Konzentration. Lesen Sie in dem Fall die Hinweise zur Motivation ab Seite 43.

❁ Ist die vertretbare Zeitgrenze längst überschritten? Unter Umständen können kleine Unterbrechungen Abhilfe schaffen und neuen Schwung bringen. Alle 30 bis 40 Minuten ist es bei geistiger Arbeit gut, eine kleine Pause einzulegen. Ein Schluck Wasser und zehn Atemzüge am geöffneten Fenster können wieder neue Energie und die Konzentration zurückbringen.

❁ Wenn Kinder zu zappelig werden und sich deshalb nicht mehr konzentrieren können, kann es hilfreich sein, für eine kurze Bewegungseinheit zu sorgen. Vielleicht passt es gerade, ein kleines Laufdiktat einzulegen: Das Heft wird in ein anderes Zimmer gelegt, das Kind prägt sich dort den Satz ein und läuft dann wieder an den Arbeitsplatz, um ihn aus dem Gedächtnis aufzuschreiben. Und dann der nächste Satz ... Auch Vokabeln sind nicht so eintönig, wenn sie auf einem kleinen Spaziergang im Flur oder draußen im Park abgefragt werden. Wenn sich keine Verbindung zwischen dem Lernen und einer Bewegungspause herstellen lässt – dann sollte es erstmal eine Pause vom Lernen ausschließlich mit Bewegung geben.

✿ Bei vielen Kindern hat auch das Ausmalen von Mandalas eine beruhigende und konzentrierende Wirkung.

✿ Für alle Lebenslagen und für Kinder und Erwachsene möchte ich Ihnen die beiden Übungen im folgende Kasten ans Herz legen. Diese Methode können Sie dann ausprobieren, wenn es auf ein gutes »Zurück zur Konzentration!« ankommt.

Zwei einfache kleine Konzentrations-übungen als Begleiter durchs Leben

Geben Sie Ihrem Kind diese Übung mit auf den Weg; und vielleicht mögen Sie sich die Übung auch gleich für sich selbst aneignen. Sie hilft kleinen und großen Menschen, die Konzentration wieder herzustellen, aber auch dabei, sich nach einer Aufregung zu beruhigen oder um Angst oder Wut so weit in den Griff zu bekommen, dass Sie einen besseren Umgang damit finden können.

Wenn wir uns einen kleinen Moment nur mit unserem eigenen Atem beschäftigen, führt das in der Regel dazu, achtsamer mit uns selbst zu werden und darüber zu entspannen. Es braucht keine speziellen Utensilien und keine Vorbereitung: Sich selbst und Ihren Atem haben sie ja immer »dabei«, Sie sind also stets bereit für die

Atemübung:

»Atme ein und zähle dabei innerlich bis drei: eins, zwei, drei, einatmen, vier, fünf, sechs, sieben, ausatmen … mit geschlossenem Mund, tief durch die Nase in den Bauch oder dahin, wo die Anspannung sich im Körper fühlen lässt. Atme da hinein und schick beim Ausatmen aus dem Mund alles, was du gerade an Anspannung oder Unkonzentriertheit loswerden möchtest, mit heraus.«

Wiederholen Sie diesen Vorgang drei- bis fünfmal, bei Bedarf getrost länger. Wenn Sie die Übung mit Ihrem Kind machen, wiederholen Sie natürlich nur so oft, wie es Ihrem Kind guttut. Vielleicht spüren Sie selbst, wann es für Ihr Kind ausreicht, aber Rückfragen an sie oder ihn sind auf jeden Fall erlaubt und bringen Ihnen Gewissheit und ein kleines eigenes Wahrnehmungstraining, ob Sie den Zeitpunkt des Aufhörens richtig erspürt und erraten haben.

Wenn Ihnen der Sinn nach einer größeren Übung steht oder Sie das Gefühl haben, Ihrem Kind täte noch ein intensiverer Moment der Besinnung auf sich selber gut, können Sie die Übung erweitern zu einer

Achtsamkeitsübung:

»… wenn du magst, wende jetzt deine innere Aufmerksamkeit auf deinen Atem. Geht er schnell oder langsam? Du brauchst jetzt gerade gar nichts zu wollen … Wenn dir noch alle möglichen Gedanken durch den Kopf gehen, registriere die Gedanken einfach und lass sie dann weiterziehen … wie Wolken am Himmel … einfach nur atmen … versuch mal, ob du merkst, in welcher Geschwindigkeit oder Ruhe dein Atem gerade geht. Dein Körper atmet von ganz alleine, du brauchst gar nichts dafür zu tun. Der Atem bewegt deinen Körper. … Ich lade dich ein, einfach nur zu fühlen, wie sich dein Körper bewegt, wenn du atmest. Vielleicht spürst du, wie sich dein Brustkorb hebt und senkt … und wie der Bauch sich weitet beim Atmen … oder du magst mit deiner Aufmerksamkeit zu den Nasenflügeln gehen … vielleicht kannst du da die ganz kleinen Bewegungen deines Körpers wahrnehmen, die er beim Atmen macht … vielleicht fühlst du den Windzug in den Nasenflügeln, oder du spürst wie der Atem in die

Brust fließt und sich dabei deine Schultern leicht anheben … bleibe mit deiner inneren Aufmerksamkeit noch ein paar Augenblicke bei deinem Atem und den Bewegungen, die dein Körper beim Atmen macht … und komme dann mit deiner Aufmerksamkeit wieder hier in den Raum zurück.« Recken und Strecken und Ausschütteln hilft, um wieder anzukommen und sich nach einer kleinen Weile wieder erholt der Arbeit zu widmen.[4]

Die gezielte Aufmerksamkeit und Konzentration auf das Innere kann sowohl Kindern als auch Eltern und Lehrerinnen und Lehrern schnell Hilfe verschaffen. Im Alltag müssen wir unsere Aufmerksamkeit oft auf viele verschiedene Dinge gleichzeitig aufteilen, und Sie werden merken, wie erholsam und konzentrierend es ist, das für eine Weile gezielt nicht zu tun.

Meiner Erfahrung nach lassen sich eher ältere Schulkinder auf die Achtsamkeitsübung ein. Eine Altersgrenze vermag ich aber hierfür nicht festzulegen. Ich möchte Sie ermuntern, einfach auszuprobieren, ob diese Erfahrung hilfreich für Sie und Ihr Kind sein kann.

Kleinere Kinder profitieren davon, liegende Achten zu malen. Interessant und sehr wirksam ist es auch, dies mit einem gedachten Pinsel in Verlängerung der Nase zu tun.

Nach einigen guten Erlebnissen mit einer dieser Übungen kommt ein zusätzlicher beruhigender Effekt hinzu: Ihre Tochter oder Ihr Sohn kann sich darauf verlassen, dass sie oder er für Konzentrations-Notfälle etwas Wirksames in der Hinterhand hat.

Wie viel Ordnung muss am Arbeitsplatz sein?

Der Klassiker unter den Konfliktpunkten zwischen Eltern und Kindern: Ist Ordnung das halbe oder das ganze Leben?

Eines meiner Kinder braucht es für sich selbst, vor der Erledigung der Hausaufgaben sein Zimmer zu saugen und seinen Schreibtisch aufzuräumen. Ihm tut nach außen die Ordnung und Struktur gut, damit er innen konzentriert arbeiten kann. Ein anderes meiner Kinder kommt erst so richtig beim Lernen in Wallung, wenn der ganze Schreibtisch und oftmals auch der umliegende Zimmerboden übersät sind von Büchern, Heften, zerknautschten Zetteln und Gläsern und wenn sich das neueste Wissensmagazin griffbereit zwischen Keksen und Kopfhörern präsentiert. Für den einen ist Chaos ablenkend, und der andere zieht daraus den kreativen Kick und kann nur umgeben von Materialbergen hochkonzentriert arbeiten.

Jedes Kind braucht einen Hausaufgabenplatz, an dem es sich wohlfühlt. Bei der Gestaltung sollten, so meine ich, die Grenzen weit gesteckt sein. Natürlich schreiten Sie ein, bevor alte Müslischalen wirklich gesundheitsschädigend wirken oder die ausgeliehenen Schulbücher derart in Mitleidenschaft gezogen werden, dass sie nicht mehr brauchbar sind.

Es gibt Studien, die belegen, dass Kinder mit zweckmäßig organisiertem Arbeitsplatz bessere Noten erzielen. Wir können unsere Kinder also zu einem guten Maß an Ordnung anhalten. Doch für mich spielen solche Studien in meinem Alltag, wenn ich diejenigen meiner Kinder »leben« sehe, die ihren Arbeitsplatz keineswegs solchen Studien gemäß einrichten, keine Hauptrolle. Und mal ehrlich: Auch wir Erwachsenen sind sehr unterschiedlich hinsichtlich unserer Büroorganisation und der Ordnung am Arbeitsplatz. Manche können nicht arbeiten, wenn der Bleistift nicht ordentlich angespitzt an seinem Platz liegt, und andere kommen nur voran, wenn sie alles Material ausgebreitet haben.

Am besten unterstützen Sie ihr Kind dabei herauszufinden, was für ein Ordnungsmaß für sie oder ihn hilfreich ist.

Ermuntern Sie doch einmal Ihr Kind, sich selbst zu beobachten, wie es die Arbeit organisiert, wenn es ihm oder ihr wirklich darauf ankommt, schnell und gut fertig zu werden – weil z. B. hinterher ein Ausflug oder ein Kinobesuch ansteht. Da wird garantiert nicht vorher ein Müsli angerührt, oder? Vielleicht macht ihr Kind die eigene Erfahrung, dass die großangelegte, erst nach viel Zeit zum Erfolg führende Suche im unordentlichen Ranzen es davon abgehalten hat, seine Aufgaben rechtzeitig fertig zu bekommen, und der Freund, mit dem er sich verabredet hatte, bereits »Hufe scharrend« in der Tür wartet? Dann hilft in der Regel kein: »Siehste! Habe ich es dir nicht gesagt, dass du deinen Ranzen in Ordnung halten sollst!« Besser ist es, freundlich konsequent bei der Einhaltung der besprochenen Regeln zu bleiben, dass die Aufgabe erst erledigt werden soll, bevor die Verabredung dran ist.

Kinder lernen aus den Konsequenzen: und wenn es selber bemerkt, dass das Problem des wartenden Freundes eine Folge des unorganisierten Ranzens ist, ist die Wahrscheinlichkeit hoch, dass er oder sie das erste Problem ändern möchte, um nicht wieder in diese Situation zu kommen. Ihr Kind braucht eigene Erfahrung und Einsichten, aber Sie können ihn oder sie darin unterstützen, wie es besser gehen kann.

6. »Hast du deine Hausaufgaben schon fertig?«

Wem gehören eigentlich die Hausaufgaben?
Und was haben die damit zu tun, dass Ihr Kind
ein selbstständiger Mensch wird?

Tim sitzt schon seit einer Stunde über den Hausaufgaben. In Deutsch hatte er einen kleinen Absatz zum Abschreiben auf, und für den WUK-Unterricht hat er bereits eine Zeichnung angefertigt, aber die Matheaufgaben bringen ihn wirklich zum Stöhnen: Er möchte jetzt lieber zum Spielen raus, kann sich nicht mehr konzentrieren und weiß auch nicht, ob er in der Schule richtig verstanden hat, wie diese Aufgaben zu rechnen sind. Die Mutter hat im gleichen Raum Hausarbeit erledigt und hört Tims Stöhnen. Sie setzt sich zu ihm, ist sehr bemüht, ihm zu helfen, merkt aber schnell, dass Tim jetzt keine Energie mehr hat und dringend Entspannung und Bewegung braucht. Also erlaubt sie ihm, sein Heft wegzuräumen. Tim geht zu seinem Freund, und die Mutter bleibt etwas ratlos zurück. War das jetzt richtig, ihn gehen zu lassen, obwohl die Hausaufgaben noch nicht fertig sind? Bekommt Tim deshalb morgen Ärger in der Schule? Und wie ist das mit der Matheaufgabe, die er nicht verstanden hat? Wie soll sie damit umgehen? Nachher muss sie wohl noch mit Tim darüber reden, was er möchte: Ob er heute Abend die Matheaufgabe noch einmal versuchen möchte oder ob er der Lehrerin morgen besser

*sagt, dass er die Aufgabe nicht verstanden hat? Jedenfalls will
sie das Thema auch beim nächsten Elternabend ansprechen.
Vielleicht kann sie von der Lehrerin oder den anderen Eltern
Tipps bekommen. Auf jeden Fall wäre es gut zu wissen, wie die
anderen damit umgehen und was die Lehrerin in so einem Fall zu
tun vorschlägt.*

3000-mal: »Hast du deine Hausaufgaben schon fertig?«

Wie oft haben Sie die Chance, ihrem Kind diese Frage im Laufe
eines Kinderlebens zu stellen? Gehen wir von 10, 12 oder 13
Schuljahren aus, dann heißt das bei täglicher Abfrage außerhalb
der Schulferien: Sie können bis zur Beendigung der Schulzeit ihres Kindes im Schnitt ungefähr 3000-mal diese Frage an Ihr
Kind richten! Dabei können Sie gemäß Ihrer jeweiligen Gefühls-
lage zwischen allen nur erdenklichen Tonlagen variieren:

✿ Sie stellen Ihre Frage als reine Infofrage im Sinne von »Bist
du schon fertig und können wir losfahren?«
✿ Oder Sie lassen durch ein entsprechend bedrohlich klingendes
hochgezogenes Satzende gleich Ihre Vorahnung mitschwingen, dass die Hausaufgaben noch nicht fertig sind.
✿ Oder Sie legen die Betonung auf »schon« und geben der Frage
den bewundernden Klang, aus dem ihr Kind heraushören
kann, dass Sie positiv überrascht sind, noch gar nicht damit
gerechnet haben und es klasse finden, dass es so schnell gearbeitet hat.
✿ Vielleicht ist aus Ihrer Stimme ein Misstrauen herauszuhören,
dass Ihr Kind doch unmöglich bereits mit den Hausaufgaben
fertig sein kann. Vielleicht fühlt es sich angegriffen, weil es
vermutet, dass Sie ihm oder ihr sowieso die ordentliche Erledigung nicht zutrauen und denken, es habe schlampig gearbeitet.

76

Bei gut 3000 Gelegenheiten, diese Frage zu stellen, gibt es viele verschiedene Gefühlslagen, aus denen heraus Sie sich nach dem Stand der Hausaufgaben erkundigen. Was auch immer Ihr aktueller Gefühlshintergrund beim Fragen ist: Ihr Kind wird es spüren und entsprechend reagieren. Und falls Sie aus anderen Gründen beispielsweise gerade in Machtkämpfen mit Ihrem Kind stecken, so wird das Ihre Frage nach den Hausaufgaben beeinflussen. Daher ist es gut, wenn Sie einmal grundlegend betrachten, wie es Ihnen sowie Ihrem Kind und Ihnen in letzter Zeit miteinander gerade geht.

Hausaufgaben als Stellvertreterkampf?

Das Verhältnis zwischen Eltern und Kind kann auch gerade durch ganz »andere Dinge« bestimmt sein, die miteinander geklärt werden wollen. Die Hausaufgaben – als jeden Tag verlässlich wiederkehrende Angelegenheit – bieten sich förmlich an, stellvertretend für diese »anderen Dinge« herzuhalten. Der Versuch, diese Dinge über das Hausaufgabenthema indirekt klären zu wollen, führt in der Regel nicht zu einer Verbesserung des Hausaufgabenproblems. Daher ist es gut, noch einmal zu gucken, was diese »anderen Dinge« sein könnten. Denn es macht ja wenig Sinn, ein »Hausaufgabenproblem« lösen zu wollen, wenn das Problem eigentlich ganz woanders liegt.

Mögliche »andere Dinge«, die zwischen Eltern und Kind geklärt sein wollen:

❀ Haben Sie noch andere Zeiten, in denen Sie etwas zusammen unternehmen oder einfach nur etwas spielen? Vielleicht wünscht sich ihr Kind mehr Aufmerksamkeit von Ihnen.
❀ Es braucht mehr Struktur und Halt.
❀ Abgrenzung ist gerade ein wichtiges Thema für die Entwicklung der eigenen Identität. Daher sind Grenzen austesten und Regeln übertreten wichtige Experimentierfelder für Ihr Kind.

✿ Ein Ereignis beschäftigt Ihr Kind momentan sehr.

✿ ….

Erinnern Sie sich daran, wenn wieder einmal »andere Dinge« verhindern, dass Ihr Kind die Hausaufgaben zügig angeht und erledigt: Sie können sich darauf verlassen, dass es immer wieder Hausaufgaben gibt. Aber gibt es auch noch einmal die Gelegenheit, das jetzt gerade Ihrem Kind so wichtige Thema zu bespre-

Eine kleine Hausaufgabe für Sie

Wenn Sie sich die Frage nach den Hausaufgaben angewöhnt haben und auf diese liebe Gewohnheit nicht verzichten wollen, dann machen Sie doch einmal den Test:

✿ Stellen Sie sich einen besonders hellen Tag vor: Sie sind sehr guter Laune, heute ist Ihnen alles gut gelungen, das Kind kommt lachend aus der Schule, Sie haben beim Essen lebhafte Gespräche miteinander gehabt und dann probieren Sie es einmal mit dem entsprechenden Tonfall: »Hey, hast du deine Hausaufgaben schon gemacht?«

✿ Und dann denken Sie einmal an einen der dunklen Tage und stellen Sie die gleiche Frage mit dem dazugehörigen genervten Tonfall.

✿ Wenn Sie sich das zutrauen, können Sie die ganz unterschiedlichen Arten – wie Sie diese Frage stellen könnten – auch gemeinsam mit dem Kind ausprobieren, Vielleicht auch im Rollenspiel mit vertauschten Rollen: Lassen Sie Ihr Kind Mama oder Papa spielen und nach den Hausaufgaben fragen, und vielleicht macht es auf diese Art und Weise auch Spaß, gemeinsam herauszufinden, wie es Ihnen miteinander guttut, mit der Hausaufgabenfrage umzugehen.

chen? Verschaffen Sie dem Kind und sich jedenfalls die Chance dazu: »Wollen wir jetzt erst darüber sprechen, und anschließend machst du die Hausaufgaben, oder wollen wir es umgekehrt machen?« Lassen Sie Ihr Kind entscheiden – so oft es geht.

Warum es Kindern guttun kann, über die Hausaufgaben zu schimpfen

Wem geht das Gemecker über die Hausaufgaben nicht gelegentlich auf die Nerven?
»Wir haben wieder viel zu viel auf!«
»Puuuhhh! So viele Vokabeln …«
»Und dann auch noch für Mathe üben. Die Schneider hat sie doch nicht mehr alle!«
Ich habe noch von keinem Kind und keinem Elternteil erlebt, dass es ständig mit Freude und lustvoll über die Hausaufgaben spricht. Im Gegenteil: Oft ist das Thema Hausaufgaben ein Stressthema. Aber warum eigentlich? Weil es als Pflichtaufgabe definiert ist und Pflicht das Gegenteil von Freude ist? »Erst die Arbeit und dann das Vergnügen«?

Vor einigen Jahren lebte ich mit fünf Kindern im Grundschulalter in einer Wohngemeinschaft; drei von ihnen gingen auf eine staatliche Regelschule und zwei auf eine freie Schule. Das liebste Abgrenzungsritual dieser Kinder war: Die Kinder von der freien Schule streckten den anderen die Zunge heraus und sangen dazu: »Bähbähbähbäh … wir brauchen ja gar keine Hausaufgaben zu machen!« Die Kinder der Regelschule konterten: »Dafür habt ihr ja gar keine Noten, ist ja gar keine richtige Schule bei euch!« Und kurz darauf spielten die fünf zusammen Schule an der großen Wandtafel in der Küche, gaben sich voller Begeisterung gegenseitig Hausaufgaben auf und verglichen und benoteten diese dann voller Eifer.

Ganz schön absurd, oder? Aber eigentlich auch nicht, denn Aufgaben, die die Kinder fordern, brauchen sie für ihre ganze Entwicklung – und solche Aufgaben suchen sie sich ständig auch selber. Das gilt auch für die Hausaufgaben. Die können ebenso eine wichtige Herausforderung für die Kinder sein, selbst wenn es über viel Gestöhne, Schimpfen und Streit manchmal nicht den Anschein hat.

Denn neben der inhaltlichen Herausforderung nutzen Kinder die Hausaufgaben auch in anderer für ihre Entwicklung wertvoller Weise. Im eben genannten Beispiel war der Aspekt des Abgrenzens und der Gruppendynamik im Vordergrund und nicht so sehr der inhaltliche Ertrag der Hausaufgaben.

Sicher kennen sie das: Nach der ersten Euphorie in der Grundschule begegneten Sie schnell dem Phänomen, dass Kinder miteinander über die Hausaufgaben schimpfen. Je mehr sie sich der Pubertät nähern, desto mehr hat das Schimpfen über die Hausaufgaben oder über etwas anderes, was alle in der Gruppe der Gleichaltrigen gut kennen, eine wichtige Funktion. Sie solidarisieren sich darüber mit ihren Freunden und grenzen sich von anderen ab, haben ein gemeinsames Thema, an dem sie Regelverstöße probieren. Hier können sie beispielsweise damit experimentieren, was es für ihre soziale Rolle bedeutet, wenn sie sich trauen, die Hausaufgaben zu vergessen oder sie tatsächlich vergessen haben: Finden die anderen das cool oder ist es eher peinlich, so ohne Hausaufgaben dazustehen? Lässt mich jemand abschreiben und/oder stelle ich auch mal jemandem meine Arbeit zum Abschreiben zur Verfügung?

Im Anfangsbeispiel des Kapitels hat die Mutter Tim eine gute Botschaft für das Leben mitgegeben. Er hat nicht nur die Erleichterung darüber erfahren, dass er jetzt spielen gehen darf, sondern auch eine Unterstützung – ein gutes Beispiel dafür, dass der Körper unser wichtigstes Gut ist und dass die eigene Gesundheit sehr wertvoll ist. Wenn wir vor lauter Leistungsdruck, den wir fühlen und an die Kinder weitergeben, vergessen, die Botschaften des Körpers wahrzunehmen und Erschöpfungsgrenzen dauerhaft überhören, dann gefährden wir nicht nur aktuell die Gesundheit unserer Kinder – sondern legen als Eltern auch einen Grundstein für späteren ungesunden Umgang mit Stress. Die Mutter von Tim hat gut erkannt, dass es keinen Sinn für Tim macht, weiter an den Hausaufgaben sitzen zu bleiben, wenn Erschöpfungsgrenzen erreicht sind. Intuitiv hat sie sich richtig entschieden.

Wie lange dauert es denn wirklich?

Irgendwann will man es natürlich wissen – und schaut auf die Uhr. Und dann? Was ist denn nun viel oder zu viel?

Zeitliche Richtlinien für die maximale Dauer der Hausaufgaben

Beispielsweise aus dem Erlass zu den Hausaufgaben des Landes Niedersachsen:

– im Primarbereich: nicht länger als 30–45 Minuten,
– im Sekundarbereich I: nicht länger als 1–2 Stunden,
– im Sekundarbereich II: nicht länger als 2–3 Stunden.

Bei der Stellung von Hausaufgaben ist das Alter und die Belastbarkeit der Schülerinnen und Schüler sowie die Schülerteilnahme am Nachmittagsunterricht zu berücksichtigen.
   Auch durch Absprachen der Lehrkräfte untereinander sowie die differenzierte Aufgabenstellung wird der Belastbarkeit der Schülerinnen und Schüler Rechnung getragen. Für die Koordinierung ist die Klassenkonferenz zuständig (§ 35 Abs. 3 Nr. 2 NSchG).[1]

Je nach persönlicher Situation und Entwicklungsphase des Kindes dürfen die Zeiten natürlich auch differieren. Wenn ein Kind gerade erkältet ist oder Liebeskummer hat, ist die Überschreitung der Richtlinienzeiten natürlich noch kein Anlass, sich wegen der Nichteinhaltung größere Sorgen zu machen. Wenn Ihr Kind aber häufig länger an den Hausaufgaben sitzt, dann ist es gut, wenn Sie gemeinsam nach den Gründen forschen:

✿ Sind die Hausaufgaben zu schwierig?
✿ Wird zu viel aufgegeben?
✿ Ist die Hausaufgabenzeit mit Trödeln oder Träumen verstrichen?
✿ Verzettelt sich das Kind und braucht es mehr Struktur?

Hausaufgaben haben den Sinn, Kindern zu helfen, das in der Schule Gelernte zu vertiefen, zu üben und zu verinnerlichen – und selbst darüber forschen und streiten die Experten. Zudem geben Hausaufgaben dem Lehrer und der Lehrerin eine wichtige Rückmeldung dazu, ob Ihr Kind das Gelernte auch selbstständig anwenden kann – wobei durchaus noch nicht sicher ist, ob die Hausaufgaben der ideale Weg für Lehrer-Feedback sind.

Die Ursache dafür, dass Ihr Kind überdurchschnittlich viel Zeit für die Hausaufgaben benötigt, kann auch in der Schule liegen. Lehrkräfte haben nicht immer im Blick, was ihre Kolleginnen schon alles aufgegeben haben, und können auch nicht immer perfekt einschätzen, wie viel Zeit die Erledigung der Aufgabe beansprucht. Geben Sie, falls die Hausaufgaben öfter nicht in einem verträglichen Zeitrahmen für Ihr Kind zu erledigen sind, der Fachlehrerin und eventuell auch dem Klassenlehrer auf jeden Fall eine Rückmeldung über die Art, wie Ihr Kind die Aufgaben löst. Viele Lehrerinnen und Lehrer sind an einer guten Zusammenarbeit mit Ihnen interessiert. Wenn die Zusammenarbeit gut funktioniert, steigt auch die Wahrscheinlichkeit guter Erfolge für alle Beteiligten. Eine gute Sache ist es auch, einmal das Thema Hausaufgaben – ohne erst schwerwiegende Konflikte abzuwarten – zum Thema für einen Elternabend zu machen.

Ist die Frage nach den Hausaufgaben inzwischen vielleicht bereits zu einem Reizthema zwischen Ihnen und Ihrem Kind geworden, oder entscheiden Sie sich in diesem Moment, dass Sie die Frage doch nicht 3000-mal in ihrem Leben stellen möchten? Dann ist es Zeit für ein anderes Experiment zum Thema Hausaufgaben.

Hausaufgaben können ein gutes Mittel dafür sein, dass Kinder sich in Selbstständigkeit üben

Darauf kommt es an: Wem gehören eigentlich die Hausaufgaben?

Stellen Sie sich diese Frage wirklich einmal ganz ernsthaft. Gehören sie den Eltern, den Lehrern oder den Kindern?

Fragen Sie es sich wirklich, und beantworten Sie sich die Frage auch bewusst. Führen Sie es sich ganz deutlich vor Augen:

»Die Hausaufgabe gehört meiner
Tochter/meinem Sohn .... (Name).«
Überlegen Sie weiter:
Verhalten Sie sich auch so?
Verhält sich Ihre Tochter/Ihr Sohn entsprechend?
Wer hat die Verantwortung? Wer nimmt sie tatsächlich wahr? Wer jammert bei wem? Wer fragt um Hilfe? Wer bietet sie an? Stellen Sie die Hausaufgabenfrage?

Verantwortungsvolle Eltern sind es gewohnt, sich um die Angelegenheiten der Kinder zu kümmern. Daher schleicht sich heimlich auch schnell mal die Gefahr ein, dass wir die Hausaufgaben der Kinder als unsere innere Angelegenheit betrachten. Selbstverständlich brauchen unsere Kinder unsere Begleitung auch beim Thema Hausaufgaben. Und kleine Kinder brauchen altersgerechte Unterstützung, damit sie zu selbstständigen Menschen heranwachsen, die eigenständig und verantwortlich mit ihren Aufgaben umgehen können. Wie eine altersgerechte Unterstützung zum selbstständigen Arbeiten bei kleinen Kindern aussehen kann, zeigt folgendes Beispiel:

Louisa ist in der 3. Klasse. Bisher hat sie die Hausaufgaben meist mit Freude und zügig erledigt. In letzter Zeit trödelt sie aber häufiger herum und braucht kleine Hilfen, um sich ihren Aufgaben zu widmen. Heute packt sie ihre Schulsachen wie gewohnt nach dem Essen aus, schreibt die ersten Zahlen in ihr Matheheft, fängt aber bald ausgiebig zu seufzen an. Die aufmerksame Mutter fragt nach, was denn los ist, ob sie Hilfe braucht. Louisa stöhnt: »Oooaah, Mama, ich hab heute überhaupt keine Lust zu den Hausaufgaben. Ich will keine Hausaufgaben mehr machen!« *Als die Mutter beim Nachfragen zur konkreten Aufgabe, an der Louisa zuletzt rechnete, merkt, dass Louisas Stöhnen nicht weniger wird und nichts mit der konkreten Aufgabe zu tun hat und dass Louisa anfängt, motzig zu werden, sagt die Mutter unvermittelt:* »Gut. Weißt du was? Dann hörst du jetzt eben einfach auf. Pack deine Sachen wieder ein, und morgen erzählst du deiner Lehrerin, dass du heute einfach keine Lust hattest.« *Louisa guckt erschrocken bis erstaunt, spürt aber auch, dass die Mama keinen bösen oder drohenden Ton hat, sondern einfach nur die Folge aufzählt, und sagt darauf entschieden:* »Nein, das geht doch nicht.« *Und setzt sich wieder hin und macht ihre Hausaufgaben.*

Es ist gut, dem Kind von der 1. Klasse an freundlich klar zu machen, dass es *seine* Hausaufgaben sind. Das fördert die Selbstständigkeit und ermöglicht die Entwicklung von selbstbewusster Eigenverantwortung.

Die Fähigkeit, Verantwortung für sich zu übernehmen, wächst natürlich umso vollständiger je älter Ihr Kind wird. Verantwortung an das Kind abgeben heißt nicht, dass Sie Ihr Kind einfach ab der 1. Klasse gleich mit den Hausaufgaben alleine lassen. Sicherlich wäre das Kind dann auch zu einer bestimmten Form von Selbstständigkeit gezwungen, doch eine positiv unterstützende Grundhaltung zeichnet sich eher dadurch aus, dass Sie selbstständige Erledigung fördern, aber vor allem, indem Sie für das Kind ansprechbar sind.

10 Tipps, wie Sie Ihr Kind bei den Hausaufgaben unterstützen können

❀ Zeigen Sie grundsätzlich Ihr Interesse an dem, was das Kind tut, und lassen Sie es von seinen Aufgaben erzählen.

❀ Fragen Sie nach den Gefühlen, die Ihr Kind zu den Hausaufgaben hat. Was macht ihm Spaß und was gelingt ihm gut? Was macht es nicht so gerne? Fühlt es sich überfordert und erschöpft, oder ist es zufrieden mit seiner Arbeit? Was findet es schwierig und kann es sagen, warum es das schwierig findet? Versuchen Sie nicht zu bewerten (»Ist doch nicht so schlimm!« oder »Ist doch nicht so schwer!«), wenn Sie nach den Gefühlen fragen. Besser ist ein ermunterndes: »Ich glaube, du bekommst das schon hin! Ich traue dir das eigentlich zu. Aber ich höre, dass etwas gerade schwer für dich ist. Hast du eine Idee, was jetzt helfen könnte?«

❁ Wenn das Kind Ihnen signalisiert, dass es Hilfe braucht, versuchen Sie erst einmal geduldig, mit dem Kind das Problem herauszufinden: Wichtig ist, dass er/sie die entstehenden Fragen selbst formuliert. Auch wenn es schwerfällt, weil die Lösung doch so klar ist, hilft vorsagen gar nichts. Helfen Sie, die Frage zu formulieren.

❁ Finden Sie heraus, was für Ihr Kind die beste Zeit für die Hausaufgaben ist. Einige Kinder machen ihre Hausaufgaben am liebsten direkt nach der Schule, und andere brauchen nach dem Essen erst einmal eine Pause, um sich zu bewegen und auszutoben. Manche Eltern berichten allerdings, dass die Kinder danach größere Schwierigkeiten haben, sich den Aufgaben wieder zuzuwenden. Am besten probieren Sie die verschiedenen Varianten jeweils für eine Woche aus. Oder ist Ihr Kind nach dem Unterricht noch einige Zeit in einer Betreuung, ehe es nach Hause kommt? Dann sehen Sie sich dort einmal um, ob die Gegebenheiten so sind, dass Ihr Kind die Hausaufgaben überhaupt machen kann: Platz, Ruhe etc. Und – wenn es die schulische und Ihre familiäre Organisation erlaubt – lassen Sie Ihr Kind möglichst selbst wählen, ob es in der Betreuungszeit spielen oder die Hausaufgaben erledigen möchte. Mit zunehmendem Alter wird Ihr Kind dies mehr und mehr allein entscheiden und nach den anderen Interessen ausrichten, die es nachmittags und abends verfolgen möchte.

❁ Besprechen Sie dann mit ihrem Kind, wann Hausaufgabenzeit ist, und installieren Sie dieses als feste Zeit. Rituale helfen Kindern und sie lieben diese meist sehr. Das können Sie sich auch für die Hausaufgaben zunutze machen. Sicher freut es sich auch über einen kleinen Obstteller oder ein Überraschungsgetränk, das in das Ritual integriert wird.

✿ Auch zu der Frage, ob es hilfreich ist, Musik bei den Hausaufgaben zu hören und in welcher Form, sollten Sie in ähnlicher Weise verfahren: Beobachten Sie mit Ihrem Kind, was dem Kind guttut.

✿ Viele Kinder wissen einen festen Ort für die Hausaufgaben zu schätzen.

✿ Die Gefahr, dass Sie zu viel loben, brauchen Sie nicht zu fürchten! Lob tut Ihrem Kind gut und ist eine wichtige Anerkennung für seine Arbeit.

✿ Achten Sie auf genügend Pausen. Unterstützen Sie Ihr Kind dabei, ein eigenes Gespür zu entwickeln, wann eine Pause notwendig ist. Das heißt, Sie geben die Pausen nicht vor, erinnern aber daran und fragen, wann das Kind meint, dass es wieder Zeit für eine Pause wäre. Sie werden sehen, dass selbst recht junge Kinder mit eigenständigen Einteilungen beginnen:»Mama, wenn ich dieses Blatt fertig habe, mache ich Pause.«

✿ Planen Sie auch andere Aktivitäten mit Ihrem Kind und halten Sie Ohren und Augen für Ihr Kind offen, ganz besonders wenn die Hausaufgaben gerade nicht so super laufen. Wenn es mal gerade wieder so richtig schiefgegangen ist, tut es Ihrem Kind besonders gut, wenn es nicht nur über seine Leistung definiert wird und ein Erwachsener ihm hilft, einen entstandenen Teufelskreis aus Frust, Unlust, Tränen, Machtkampf und noch mehr Frust, Unlust ... zu durchbrechen. Lassen Sie Ihre Tochter oder Ihren Sohn spüren, dass Sie sie oder ihn als kleinen Menschen mit noch ganz anderen Vorlieben und Fähigkeiten als den Schulthemen wahrnehmen.

Die Hausaufgaben der Eltern:
Gut für sich sorgen

Rein faktisch ist es – auch mit gutem Zeitmanagement – unmöglich, allen Ansprüchen gerecht zu werden. Und Eltern haben ja durchaus auch noch andere Hausaufgaben – ihre eigenen – zu erledigen. Wenn das Essen noch nicht vorbereitet ist, die Überweisungen noch zur Bank müssen, die Wäsche noch nicht gewaschen ist, der Einkauf noch weggeräumt werden muss und das Geburtstagsgeschenk für den Freund auch noch nicht besorgt ist, dann ist es eine wirkliche Herausforderung, das Kind bei den Hausaufgaben zu unterstützen.

Wenn Sie sich die Richtlinien für den zeitlichen Rahmen zu Hausaufgaben angesehen haben, dürfte hier spätestens klar sein, dass es dieser Rahmen nicht hergibt, schon gar nicht für Familien mit mehreren Kindern und zwei berufstätigen Eltern, die notwendige Zeit auch einzuplanen.

Umso wichtiger ist es auch in diesem Sinne, dass wir wirklich begreifen, dass die Hausaufgaben den Kindern gehören. Unsere Aufgabe ist es, unsere Kinder darin zu unterstützen, dass sie selbstständig ihre Aufgaben wahrzunehmen lernen.

Weder dem Kind noch Ihnen tut es gut, wenn Sie gestresst und ungeduldig neben ihm sitzen. Wenn Sie gut für sich sorgen, wird es Ihnen leichter fallen, Ihr Kind zu unterstützen, und Sie werden sich besser damit fühlen, als wenn Sie innerlich die Aufgaben des Kindes als Ihre Aufgaben übernommen haben, als müssten Sie die Arbeiten anstelle Ihres Kindes erledigen.

Es ist Unsinn sagt die Vernunft ...
Es ist was es ist sagt die Liebe *(Erich Fried)*

Unter Eltern, die sich vertrauter sind, gibt es schon mal das Eingeständnis, um 12 Uhr nachts an der Vollendung der Mappe des Kindes mitgearbeitet zu haben. Eigentlich etwas, was für eine die Selbstständigkeit fördernde Grundhaltung zu den Hausaufgaben streng verboten ist. Aber neben aller pädagogisch sinnvollen Konsequenz ist doch die Liebe zu unseren Kindern unsere oberste Priorität. Und das ist auch gut so! Und weil das Leben gelegentlich anders verläuft, als wir geplant haben, bestimmen eben Ausnahmen gelegentlich die Regel. Wenn das Kind keine Zeit für die Hausaufgaben fand, weil heute Nachmittag Oma zur Geburtstagsfeier eingeladen hatte, und schon ganz erschöpft um Mitternacht am PC zusammenklappt, aber nicht aufgeben will, bevor das Inhaltsverzeichnis für die Mappe abgetippt ist, dann dürfen wir auch mal ein Auge zudrücken und das Gefühl über die Vernunft siegen lassen.

7. Wer hat keine Angst?

Niemand hat keine Angst. Doch wir können lernen, mit kleinen und großen Schulängsten gut umzugehen.

Es gibt kein Leben ohne Angst. Auch wenn Kinder Schule als schön erleben – es gibt ein paar Ängste, ohne die kein Mensch auskommt.

Die Angst gehört zur Grundausstattung des Menschen, denn sie hat wichtige Funktionen für unseren Leib und unser Leben und für unser soziales Miteinander.

Das Thema Angst macht also nicht vor den Schultoren halt. Und die angstfreie Schule ist noch genauso wenig erfunden wie die Unsterblichkeitspille.

Weil Menschen ohne Angst nicht überleben können.

Angst fühlt sich nicht schön an, und Ängste sind etwas, über das wir nicht so gerne reden. Niemand wäre stolz darauf, als besonders ängstlich zu wirken, ein »Angsthase« zu sein. Große und kleine Menschen schämen sich ihrer Ängste und möchten sie am liebsten wegdrücken und übergehen. Dabei gibt es wichtige Ängste, die uns Menschen vor Gefahren sinnvoll schützen. Wenn wir keine Angst vor Autos und Unfällen hätten, würden wir zu leichtsinnig die Straße überqueren, statt abzuwarten, bis das gefahrlos möglich ist. Oder wir würden andere waghalsige Dinge tun, wenn die Angst nicht als unsere natürliche Gefahrenbremse in uns wirken würde.

In den Kapiteln zur Motivation und zum Lernen (siehe Seite 43 und Seite 61) bin ich darauf eingegangen, dass wir besser lernen, wenn es aus positivem Antrieb geschieht; aber natürlich können wir Eltern nicht davon ausgehen, dass es möglich sei, immer und ausschließlich so zu lernen. Einer meiner Söhne fasste das ganz pragmatisch für mich zusammen: »Mama, wenn ich *gar keine* Angst hätte, dann würde ich öfter für eine Arbeit in der Schule gar nicht lernen!«

Wir Eltern müssen uns damit abfinden, dass wir viele Probleme nicht für unsere Kinder lösen können. Ebenso können wir sie nicht vor jeglicher Angst bewahren. Auch wir haben Ängste

»Alltagsängste« in der Schule

✿ Pia hat Angst, dass sie zu wenig für die Mathearbeit geübt hat und die Arbeit jetzt so richtig verhauen wird.

✿ Tim hat Angst, dass er gestern Abend noch zu lange geübt hat und sich dadurch eher verrückt und nervös gemacht hat.

✿ Lisa hat Angst vor Kalle und Paul: die sind immer besonders teuer gekleidet und machen sich schnell mal darüber lustig, wenn jemand altmodische Klamotten an hat. Wenn sie das bei ihr täten, wüsste sie nicht, wie sie sich gut wehren könnte, und sie hat Angst, dass die anderen mitlachen und sie dann alleine dasteht.

✿ Camille hat Angst vor der Lehrerin: dass die gemein zu ihm ist; er hat das Gefühl, dass die ihn nicht drannimmt, wenn er sich meldet, aber genau zu wissen scheint, wann er mal nicht aufgepasst hat.

✿ Fatma findet eine Lehrerin besonders klasse. Sie bewundert sie und findet ihren Unterricht ausgesprochen und können nicht alles im Leben beeinflussen. Wenn der Opa stirbt, ein Blitz einschlägt, Eltern sich trennen, der Freund einen Unfall hat oder eine schlimme Krankheit bekommt, dann spätestens werden wir daran erinnert, dass auch wir nicht alles in unserer Hand haben. Wir haben Angst vor Schicksalsschlägen und vor anderen Dingen, die wir nicht verhindern können.

»Manche Ängste überwinden wir nie. Sie kommen und gehen, solange wir leben. Das gilt zum Beispiel für die Angst vor Krankheit oder dem Tod. Manche Ängste – etwa die Angst vor der Dunkelheit oder vor der Höhe – warnen uns vor drohenden Gefahren, andere veranlassen einen Schauspieler, sich gut auf seine Rolle vorzubereiten, oder sie bringen ein Schulkind dazu, vor der Klassenarbeit zu lernen.«[1]

Schule ist dann schön, wenn sich die Kinder in der gesamten

interessant. Fatma hat Angst, sich zu melden, weil es ihr besonders peinlich wäre, sich vor der tollen Lehrerin zu blamieren.

❀ Lukas hat Angst, dass er beim Vortragen der Hausaufgabe versagt, dass ihm plötzlich nichts mehr einfällt und er sich vor der Klasse blamiert.

❀ Anna sitzt mit schlechtem Gewissen im Bus. Sie hat ihre Hausaufgaben nicht gemacht und hat Angst, dass der Lehrer das bemerkt.

❀ Tom hat Angst vor dem eigenen Erfolg und davor, als Streber zu gelten. Etwas Besonderes zu sein, besonders gut zu sein, bedeutet für ihn, sich von den anderen zu isolieren. Und davor hat er Angst.

❀ Samira hat Angst vor den Eltern: dass die enttäuscht von ihr sind, wenn ihre Noten nicht gut genug sind.

❀ Moritz hat Angst vor der Strafe für schlechte Noten. Das letzte Mal haben seine Eltern ihm Hausarrest erteilt.

❀ Nina hat Angst, dass ihr Bild nicht so schön wird, wie sie es gerne malen würde.

Bandbreite ihrer Gefühle erleben und an den Herausforderungen wachsen dürfen – und auch daran, Ängste zu überwinden.

Wir haben das selbst vielfach erfahren: Spielen Ängste nur im Hintergrund eine Rolle und sind es leichte Ängste, dann lassen sie sich auch kurzfristig überhören. Wir kennen für solche Ängste auch die positive Wirkung, sich selbst Mut zuzusprechen; dadurch lässt sich eine kleine Angst oft gut überwinden.

Manche Ängste wird Ihr Kind – so wie Sie das auch tun – mit sich selbst abmachen wollen. Bei anderen Ängsten wird es Ihre Hilfe benötigen. Je kleiner Ihr Kind ist, desto mehr braucht es Ihre Ermutigung, sich den Ängsten zu stellen. Und Kinder sind sehr unterschiedlich: Das eine Kind möchte lieber in Ruhe gelassen werden und das andere braucht viel Zuspruch, wie:»Versuch es ruhig. Du schaffst das. Ich helfe dir, wenn du möchtest.«

Wenn Ängste, die sich in einem »gesunden« Rahmen bewegen, auch im Zusammenhang mit Schule von Ihrer Seite her ruhig sein dürfen, hat das eine Angst mindernde Wirkung für Ihr Kind. Wenn Sie solche Ängste nicht gleich als Katastrophe einstufen, ermöglichen und fördern Sie, dass Ihr Kind zunächst selbst versucht, gut mit sich und seinen normalen menschlichen Ängsten umzugehen.

Die erste Elternaufgabe zum Thema Schulängste ist also diese: Finden Sie selber zur Ruhe und widmen Sie sich der beruhigenden Tatsache, dass Ängste zum menschlichen Dasein dazugehören, sogar wichtig sind, und dass Ihre Aufgabe als Eltern nicht darin besteht, dass Sie Ihrem Kind jede kleine Angst ersparen müssen oder abnehmen. Wenn Sie zu den Eltern gehören, die dazu neigen, sich sehr schnell zu viele Sorgen um Ihr Kind zu machen, sollten Sie diesen Satz vielleicht auf einen Zettel schreiben und in Ihr Zimmer hängen:

Alle Menschen haben manchmal Angst!

Damit Sie zuversichtlich bleiben können und damit sich Ihre Sorge nicht in so starke Angst und Verunsicherung verwandeln möchte, die es Ihnen erschweren, Ihrem Kind den Rücken zu stärken.

Die zweite Elternaufgabe zum Thema Schulängste ist, die Ängste der Kinder ernst zu nehmen. Angst ist nie unbegründet, und sie kann ein richtiger Lernblocker sein. Wenn Ihr Kind Ihnen über Worte oder über sein Verhalten mitteilt, dass es Angst hat, ist es wichtig, dem auf den Grund zu gehen. »Du brauchst doch keine Angst zu haben« hilft in der Regel nicht. Besser ist es, im Gespräch mit dem Kind herauszufinden, woher die Angst kommt.

Zu viele negative Gefühle bremsen nicht nur kurzfristig, sondern können auch langfristig Schaden anrichten. Daher ist es wichtig, auf die Ängste zu achten. Denn man kann zwar durchaus mit einem kleinen »gesunden« Anteil von Angst lernen, aber wenn die Angst zu groß wird und das Denken und Handeln bestimmt, dann wird es wichtig, etwas dagegen zu unternehmen. Weil sonst ein Teufelskreis entstehen kann: Wenn eine Lerneinheit als frustrierend erlebt worden ist, da es doch wieder zu einer schlechten Note geführt hat, dann wird Ihr Kind sich beim nächsten Üben nicht mit Freude auf das Lernen einlassen und ängstlich seine Aufgabe erledigen. Und dann kommt die Angst vor der Angst hinzu, und die Probleme verschlimmern sich. Mit der Zeit wird das Kind immer ängstlicher und traut sich selbst immer weniger zu. Die Folgen sind immer größere Lücken, mangelndes Selbstvertrauen, weniger Selbstbewusstsein, mehr Angst – und Seele und Körper leiden.

Schulangst kann viele verschiedene Ursachen haben und muss gar nicht direkt mit dem Lernen in Verbindung stehen, sondern kann mit den Mitschülern oder Mitschülerinnen oder auch mit anderen Erlebnissen im Leben eines Kindes zu tun haben (siehe Kasten Seite 92). Welche Ursachen auch immer die Angst hat: Es ist jedenfalls erstrebenswert, mit so wenig Angst wie möglich in die Schule zu gehen. Und Sie können Ihr Kind darin unterstützen, dass es viel über positive Wege lernt, auch kniffligen Situationen zu begegnen und mit Ängsten umzugehen – auch wenn Sie ihm nicht alle Ängste nehmen können.

Je stärker ein Kind sich fühlt, umso mehr traut es sich selbst zu und desto weniger Angst muss es empfinden. Je geringer ein

Kind seine eigenen Möglichkeiten zur Bewältigung einer Situation oder Aufgabe einschätzt, desto mehr wird es Ängste entwickeln.

Die dritte Elternaufgabe im Umgang mit Schulängsten ist die, dass Sie sensibel danach Ausschau halten, wie sehr Ihr Kind von der Angst bedrängt ist:

❀ Handelt es sich um eine kleine oder große Angst, die Sie bei Ihrem Kind wahrnehmen?
❀ Handelt es sich um eine Form der Angst, die Hilfe von außen erforderlich macht?

Wenn die Angst Formen annimmt, dass sie lähmt und Lebensfreude nimmt, dann ist es unbedingt erforderlich, sich Hilfe zu suchen.

Eine Frau erzählte mir, dass ihre Grundschulzeit nur mit dem Thema Angst überschrieben gewesen sei. Sie hatte einen Furcht einflößenden Lehrer, der auch schon mal cholerisch den ganzen Tisch umwarf, und war von sich aus ein eher ängstliches Kind. Wegen der Angst habe sie gar nicht lernen können und sich auf der Hauptschule so recht und schlecht behauptet: Erst nach der Pubertät und einer Lehre habe sich das für sie geändert. Sie hat dann ihr Abitur nachgeholt und im anschließenden Studium zu einem Beruf gefunden, den sie heute sehr gerne ausübt. Das Lernen habe sie erst gelernt, nachdem sie über das gewachsene Selbstwertgefühl die Angst vor der Schule abgelegt habe.

Heftige Schulängste kann ein Kind aufgrund einer Situation entwickeln, durch die ein anderes Kind sich gar nicht beeindrucken lässt: Kinder reagieren sehr unterschiedlich. Bewerten Sie nicht die Sinnhaftigkeit der Angst. Bagatellisieren Sie Angst niemals als unbegründet. Angst ist keine Frage von Logik, und es gibt immer Gründe für die Angst bei Ihrem Kind.

Dabei können heftige Schulängste auch durch sehr ernst zu nehmende Grenzüberschreitungen oder Straftaten verursacht

Symptome, bei denen Sie aufhorchen sollten

Wenn die Seele leidet und verdrängt, dann reagiert oft der Körper. Jedes Kind zeigt seine Not mit der Angst anders – in unterschiedlich starker Ausprägung, mit vielen oder nur einigen oder auch nur einem der nachfolgend aufgeführten typischen Symptomen:

✿ Häufige Bauchschmerzen, Übelkeit – nicht umsonst gibt es den Ausspruch »Mir ist schon ganz schlecht vor Angst!«
✿ Kopfschmerzen und Konzentrationsprobleme
✿ Einschlaf- oder Durchschlafprobleme
✿ Hautprobleme – Ihr Kind »fühlt sich nicht wohl in seiner Haut«
✿ Ihr Kind wirkt insgesamt ängstlicher auf Sie
✿ Ihr Kind zieht sich immer stärker in sich zurück
✿ Ihr Kind ist appetitlos – es »frisst alles in sich hinein«
✿ Ihr Kind möchte nicht mehr zur Schule gehen; das kann sich in übermäßigem Trödeln, Schwänzen bis hin zur Schulverweigerung zeigen

Wenn Symptome sich an Wochenenden und in den Ferien verbessern oder weg sind, ist das ein deutlicher Hinweis, dass Ihr Kind mit Angst zur Schule geht, es ihm dort nicht gut geht.

sein; die sollten Sie in keinem Fall im Alleingang klären wollen. Holen Sie sich hier Hilfe von Fachberatungsstellen. Wenn Ihr Kind Mobbing, Erpressung, sexuellen Übergriffen oder anderen Straftaten ausgesetzt war, dann ist es wichtig, dass Sie nicht in Panik alleine versuchen, damit umzugehen.

Das können Eltern tun – bei Mobbing und anderen Formen von Gewalt

Sogar wenn Ihr Kind der heftigen Machtausübung durch einen Mitschüler ausgesetzt ist und sich nicht mehr in die Schule traut, weil es sich im Bus dauerhaft bedroht fühlt – von den Sprüchen und Attacken dieses Mitschülers und seiner Freunde, die auch Geld von ihm erpresst haben: Widerstehen Sie dem Impuls, diese Sache alleine mit den »Tätereltern« klären zu wollen. Diese werden wahrscheinlich ihr Kind in Schutz nehmen; oder sie könnten auf das Verhalten ihres Kindes mit Gewalt gegenüber dem eigenen, dem »Täterkind« reagieren – das dann wiederum auf Rache an Ihrem Kind sinnen könnte. Wenden Sie sich also an die Schule, und überlegen Sie in Kooperation mit der Klassenlehrerin, einem Beratungslehrer und/oder der Schulleitung, was geschehen soll. Auch die Schule wird in der Regel daran interessiert sein, das Problem zu lösen. Trauen Sie sich parallel dazu auch, Hilfe bei Fachleuten zu suchen.

Ihr Kind braucht jetzt den eindeutigen Schutz von Ihnen. Den können Sie ihm am besten bieten, wenn Sie die Hilfe einer Beratung annehmen: Wenden Sie sich an eine Stelle, die Ihnen hilft, ihre Aufgeregtheit, Wut oder Ohnmacht, die rechtliche Situation und Vorschläge dazu, was jetzt für Ihr Kind hilfreich ist, zu sortieren. Wir Eltern sind in solchen Situationen sehr aufgeregt; da ist es erfahrungsgemäß schwer, gleichzeitig vernünftig und in Ruhe zu überlegen, was jetzt unserem Kind am besten helfen könnte. Hinweise, an welche Adressen Sie sich wenden können, finden Sie im Anhang (siehe Seite 168).

Gewalt und Mobbing sind keine kurzfristigen Konflikte; die Phänomene haben sich in der Regel über längere Zeit entwickelt. Im Alltagssprachgebrauch vieler Kinder wird das Wort »Ärgern« durch »Mobben« ersetzt. Mobbing hat aber nichts mit necken oder ärgern zu tun, sondern ist eine Machtausübung, die sich in offener Gewalt oder versteckter, subtiler Gewalt zeigt. Offene Gewalt sind Aktionen wie beispielsweise Sachen zerstören oder wegnehmen bis hin zu körperlichen Attacken; subtiler äußert sich die Gewalt beispielsweise in Nachahmen, absichtlichem Ignorieren oder lächerlich machen. Durch solche Handlungen Macht über jemanden auszuüben

Was Eltern außerdem für weniger Gewalt und Mobbing an unseren Schulen tun können

❀ Schlechte Strukturen fördern die Entwicklung der Gewaltbereitschaft: Tragen wir Eltern also mehr dazu bei, das Klima an unseren Schulen zu verbessern, indem wir selber auch nach dem Guten Ausschau halten und indem wir mit einer fairen Gesprächskultur an den Stellen streiten, wo Auseinandersetzung gefragt ist. Und erlauben wir uns an anderen Stellen auch wieder mehr Vertrauen. Denn das eine geht nicht ohne das andere.

❀ Zivilcourage ist gefragt. Auch wenn wir so etwas nicht gerne sehen wollen: Schauen wir hin! Mischen Sie sich auch dann ein, wenn Sie mitbekommen, dass ein anderes Kind betroffen ist oder zu viele darüber reden, aber nicht einschreiten.

❀ Es gibt viele gute Präventionsprojekte. Wir Eltern können über den Elternverein und über aktive Elternarbeit fördern, dass mehr präventive Maßnahmen in den Schulen stattfinden können. Prävention von körperlicher, psychischer und sexueller Gewalt im Erziehungsalltag zu fördern bedeutet, zu einer Haltung zu finden, den Kindern zu mehr Rückgrat zu verhelfen; ihre Gefühle und Bedürfnisse ernst zu nehmen und ihnen durch Regeln und Grenzen Halt zu bieten. Das sollte das gemeinsame Ziel von allen an Schule beteiligten Menschen sein.

bedeutet für die Täter, sich selbst zu erhöhen und ein niedriges Selbstbewusstsein scheinbar aufzuwerten; oder sie »verarbeiten« auf diese Weise eigene Gewalterfahrungen. Das Verhalten ist nicht von heute auf morgen plötzlich da, sondern hat sich meist langsam gesteigert. In fortgeschrittenem Stadium ist es für ein einzelnes Kind kaum möglich, diesen Prozess zu stoppen. Je länger es andauert, desto schwieriger ist es, eine Lösung zu finden. Daher ist es wichtig, dass wir Eltern es möglichst früh stoppen. Manchmal ist es wirklich schwer, die Gewaltdynamiken zu bemerken; denn die Täter wollen ihr Tun natürlich verstecken, und Sie können es schlecht erfragen. Kaum ein Kind wird auf die besorgte Frage, ob es gemobbt wird, einfach mit ja antworten. Aber Sie werden die Not Ihres Kindes bemerken. Noch einmal: Muten Sie sich dann nicht zu, dass Sie das Problem alleine lösen müssen, sondern suchen Sie Unterstützung für sich und Ihr Kind.

Das können Eltern tun – bei Ängsten in Bezug auf die Lehrerin oder den Lehrer oder den Unterricht

Wenn die Ursache oder die Verstärkung der Schulangst Ihres Kindes – vor allem oder auch nur teilweise – in den Strukturen von Schule und dem Lehrer begründet ist, ist es wichtig, dass Sie Kontakt mit der Schule aufnehmen. Wenn Ihr Kind beispielsweise darunter leidet, dass ein Lehrer beim Austeilen der Klassenarbeiten die Noten der Kinder laut vorliest oder mit beschämenden Kommentaren überreicht, dann machen Sie dem Lehrer deutlich, dass dieses bei Ihrem Kind eine Angstspirale ungünstig verstärkt. Je nach Alter und Selbstbewusstsein Ihres Kindes und nach Größe der Angst ist es auch möglich, dass Ihr Kind selbst oder mit Ihnen gemeinsam mit dem Lehrer darüber reden möchte.

»Oft merken Pädagogen nicht einmal, was für einen Eindruck sie in ihren Klassen hinterlassen.« Detlef Träbert war 18 Jahre lang als Lehrer tätig und gründete dann eine Schulberatungsstelle; er ist Bundesvorsitzender der Aktion Humane Schule, ein Verein der sich für mehr Menschlichkeit in der Schule einsetzt.

»Ein Schlüsselerlebnis bereitet sich Detlef Träbert, als er Schülern einer siebten Hauptschulklasse einen Bogen mit selbst verfassten Fragen vorlegte. Sie lauteten zum Beispiel: ›Traust du dich, einfach so zum Lehrer zu gehen und mit ihm zu reden?‹ oder ›Bist du aufgeregt, wenn du vor der Klasse etwas sagst?‹

Die Antworten fand er als niederschmetternd: ›Ich war erschrocken darüber, wie verbreitet in meiner Klasse Ängste waren, auch bezüglich meiner Person. Das hatte ich nicht erwartet, denn ich hielt mich für einen humanen Lehrer. So konnten wir besprechen, welche Angstreize ich unbeabsichtigt setzte.‹ Nur ein Beispiel: zu Stundenbeginn automatisch das Notenbuch auf den Pult legen – für Lehrer tägliche Routine. Bei vielen Jugendlichen löst es bereits Herzklopfen aus.«[2]

Kurz: Wenn die Ursache für eine Angst in der Schule liegt, dann versuchen Sie auch dort die Lösung zu finden. Lesen Sie zum Umgang mit Lehrern auch weiteres im nachfolgenden Lehrerkapitel ab Seite 107.

Das können Eltern tun – bei Leistungs- und Versagensängsten

Beginnen Sie mit einer Selbstüberprüfung: Die Wahrscheinlichkeit ist hoch, dass Sie nicht unbeteiligt sind an dem Entstehen dieser Art von Angst. Vielleicht haben Sie – völlig unbewusst und ungewollt – mit Ihrem Verhalten etwas dazu beigetragen. Auch wenn Sie nicht direkt über Ihre Erwartungen gesprochen haben, wird Ihr Kind sich Gedanken machen, ob es Ihren Erwartungen entspricht oder ob es Sie etwa enttäuscht.

Trägt vielleicht Ihre Art und Weise, wie Sie die Freude oder die Enttäuschung über den Erfolg oder Misserfolg Ihres Kindes zeigen, mit dazu bei, dass die Angst des Kindes wächst, weil es den Anforderungen nicht gerecht wird? Versuchen Sie, gelassen zu bleiben und Ihr Kind so sein zu lassen, wie es ist. Möglicherweise haben Sie Ihre Ansprüche zu hoch angesetzt. Man kann ein Kind nicht dauerhaft zu etwas bringen, was seinen Neigungen und Interessen nicht entspricht. Wenn Ihre Selbstüberprüfung ergibt, dass Sie im Balanceakt, Ihrem Kind viel zuzutrauen, es aber auch nicht zu überfordern, doch etwas zu hoch gegriffen haben, dann können Sie Ihre Ansprüche bedenkenlos etwas herunterschrauben: Verlassen Sie sich darauf, dass Sie es auch bemerken werden, falls dadurch Ihr Kind unterfordert würde.

Weiterhin kann es bei Leistungs- und Versagensängsten erstaunlich wirksam sein, wenn Sie sich selbst die klassischen Abwiegelungssätze verbieten. Sagen Sie zukünftig nicht mehr:

»Du musst doch keine Angst haben!«
»Stell dich doch nicht so an!«
»Das ist doch nicht so schlimm!«

Solche Sätze verhindern, dass Ihr Kind sich in seiner Angst ernst genommen fühlt. Sie bergen auch die Gefahr, dass Ihr Kind dicht macht. Besser ist es, die Sätze als Frage an Ihr Kind zu richten:

»Das hat dir ganz schön Angst gemacht, nicht wahr?«
»Das hört sich so an, als wäre das ganz schön schlimm für dich gewesen, oder? Und jetzt weißt du gar nicht, was du tun sollst. Möchtest du, dass wir zusammen überlegen?«

Mit solchen Fragen helfen Sie Ihrer Tochter oder Ihrem Sohn, sich auf den Weg zu begeben, die Angst zu bewältigen. Sie vermitteln Ihrem Kind damit die Gewissheit, dass Sie es als Person mit eigenen Wahrnehmungen und Empfindungen ernst nehmen.

Das können Eltern tun bei Prüfungsangst

Das Schulleben ist gespickt von Prüfungen – Klassenarbeiten, Vokabeltests, Referaten, ein Bild abgeben, schriftliche Prüfungen und (für manche das schlimmste) mündliche, aber vor allem wöchentliche, nein, tägliche. Relativieren Sie vor allem die Prüfungsangst für Ihr Kind: Jeder ist vor Prüfungen aufgeregt. Das ist ganz normal. Bei dem einen kann man das sehen, bei dem anderen nicht. Bei dem einen ist sie stärker, bei dem anderen schwächer. Erklären Sie Ihrem Kind, dass es sich über die Aufregung nicht beunruhigen muss; und auch ein Blackout kann einmal passieren und ist noch kein Beinbruch. Damit beruhigen Sie Ihr Kind hinsichtlich der Angst vor der Angst und verhindern, dass es sich in eine Spirale der Angst begibt. Fragen Sie Ihr Kind, was die Angst aufrecht erhält und was sie lindert. Kinder wissen oft sehr genau, was ihnen guttut.

Eine Auswahl von Tipps und Hinweisen, die Ihrem Kind helfen können, selbst seiner Angst zu begegnen und in gute Bahnen zu lenken, habe ich für Sie auf den folgenden Seiten zusammengestellt. Wählen Sie entsprechend dem Alter Ihres Kindes sowie der bestimmten Situationen und vor allem der Neigung Ihres Kindes, welche Tipps Sie an Ihr Kind weitergeben möchten.

Bei einer ausgeprägten Prüfungsangst kann es sein, dass alle diese Tipps gar nicht helfen wollen. Dann ist es sinnvoller, dass Sie sich Hilfe von außen holen. Mögliche Adressen, an die Sie sich wenden können, finden Sie im Anhang.

Was guttut bei Prüfungsangst

❀ Selbstvergewisserung: »Ich habe mich gut vorbereitet, habe … gelesen und … geübt.«

❀ Selbstberuhigung: Ihr Kind kann an ein Erlebnis denken, in dem es besonders stolz auf sich war. Erzählen Sie Ihrem Kind auch, warum das oft schnell gegen Aufregung hilft: Die Stressgefühle, die die Angst erzeugt, werden mindestens durchkreuzt oder abgelöst durch die guten Gefühle, die die Erinnerung an das schöne Ereignis erzeugt.

❀ Für kleine Kinder: Singen beruhigt. Also kann Ihr Kind laut oder leise sein Lieblingslied singen. Bei einer Klassenarbeit geht das schlecht – dann kann es einen kleinen Mutmachvers innerlich, im Kopf singen.

❀ Für große Kinder: Wie ist es – einen Film selbst zu »drehen« (in der Vorstellung) und darin zu sehen, wie alles gut läuft?

❀ Die Atemübung, die Sie auf Seite 70 kennen gelernt haben, wirkt in kurzer Zeit.

❀ Finden Sie gemeinsam mit Ihrem Kind einen Satz heraus, der Ihrem Kind als positive Selbstinstruktion helfen kann – beispielsweise für den Moment, in dem die Klassenarbeit ausgeteilt vor ihm auf dem Tisch liegt, so etwas wie: »Ich lese die Aufgabe ganz genau durch!« Oder: »Ich konzentriere mich jetzt auf die Aufgabe!«

❀ Führen Sie eine Gefühlsampel als eigenes Warninstrument für Ihr Kind ein – als Stopp bei zu großer Angst oder Aufregung. Lassen Sie Ihr Kind eine Ampel aufmalen. Und dann reden Sie mit Ihrem Kind darüber: Woran merkt es, dass seine Gefühle im grünen Bereich sind und noch alles in Ordnung ist? Woran merkt es, wann sie im gelben sind, und woran, dass sie im roten Bereich sind und die Aufregung und Angst zu groß werden? Neben die farbigen Kreise der Ampel kann Ihr Kind schreiben, was ihm dazu einfällt. Merkt er oder sie, wenn es gelb wird. Woran? Vielleicht fällt Ihrem Kind dann auch etwas ein, wie es verhindert, in Rot zu rutschen? Und gibt es etwas, was hilft, wieder nach Grün zu kommen? Wenn wir bei Rot sind, dann ist die Angst meist schon zu groß, als dass wir da schnell wieder herauskommen.

✿ Vielleicht ist es möglich, dass Sie mit Ihrem Kind das »Was ist wenn«–Spiel spielen? Katastrophendenken entschärft sich bei vielen Menschen, wenn sie sich die schlimmsten Befürchtungen vorstellen und das größte Horrorszenarium durchgehen und zu Ende denken. Beispiel: Was ist, wenn ich in der mündlichen Prüfung kein Wort herausbekomme? Ihr Kind kann das ausprobieren, sich hinstellen oder sich die Situation vorstellen: Kein Wort kommt heraus. Hilft es dann, mit dem Finger zu schnippen, sich zu kneifen oder sich selbst ganz fest zuzureden »Jetzt kann ich beginnen.«? Und wenn ich stottere?! Na, dann stotterst du. Oder hilft besser, wenn du leise für dich deinen Namen sagst? – Lassen Sie Ihr Kind erfahren, dass es diesen Gedanken nicht ausweichen muss, sondern sie nutzen kann, um die Situation vorwegzunehmen und »vorweg zu überwinden«.

✿ Sie können Ihrem Kind den folgenden Minitrick für alle Klassenarbeitsfragen, alle mündlichen Prüfungen und auch sonst alle Lebenslagen mitgeben: Wenn du nicht weißt, womit du beginnen kannst, dann beginn einfach mit etwas, das auf jeden Fall stimmt und was du auf jeden Fall weißt. – Damit kann man Denkblockaden schnell lösen, im äußersten Notfall hilft der Namens-Strohhalm: Ich heiße …

✿ Unterstützen Sie Ihr Kind in der *eigenen* Einschätzung seiner Leistung, damit es sich nicht selbst mit unrealistischen Ansprüchen verrückt macht.

Das können Eltern tun – für alle Fälle: Stärken Sie Ihrem Kind den Rücken

Ein gutes Selbstbewusstsein schützt ihr Kind vor übermächtigen Ängsten und anderen Selbstbewusstseinskillern. Sie können Ihrem Kind vermitteln, dass es sich auch mit Ängsten mögen und selbstbewusst sein darf.

✿ Bestärken Sie Ihr Kind darin, über seine Gefühle zu reden, und zeigen Sie ihm, dass Sie es ernst nehmen und Gefühle auch dann akzeptieren, wenn Sie seine Empfindung nicht teilen.

✿ Erklären Sie dem Kind auch ruhig, dass jeder Mensch andere Dinge hat, auf die er mit Angst reagiert.

✿ Vielleicht mögen Sie sich auch darin üben, selbst ein gutes Vorbild in Sachen Gefühle zu sein, und sich darin trainieren, über *Ihre* Gefühle im Alltag zwischendurch mal zu sprechen.

✿ Indem Sie selber öfter wirklich benennen, was Sie traurig, glücklich, wütend oder zufrieden macht und worauf Sie mit Angst reagieren, helfen Sie Ihrem Kind, auch in ängstlichen Momenten seine Gefühle in Worte zu fassen.

✿ Um mit Karl Gebauer, dem Autor des Buches *Klug wird niemand von allein*, zu sprechen, helfen Sie Ihrem Kind dadurch, seine »innere Welt begehbar zu machen«.[3]

8. »Der Lehrer ist doof?«

Das achte Kapitel handelt davon, ob wir Lehrer
in die Schubladen »doof« oder »gut« stecken und
was wir eigentlich tun können, wenn ein Lehrer
tatsächlich mal doof ist.

Wären Schulprobleme doch nur so einfach zu lösen: *Schublade auf! Lehrer rein! Schublade zu!* Und dann würden wir uns aus der »guten« Schublade einfach die Lieblingslehrerin oder den Lieblingslehrer für unser Kind aussuchen.

Natürlich ist das so nicht möglich. Und natürlich ist es gut, dass sich Fachleute Gedanken machen, wie die Ausbildung für Lehrerinnen und Lehrer verbessert werden kann und wie die Bedingungen von Schule sich verbessern müssen – auch für Lehrerinnen und Lehrer. Aber wer weiß, wann dies zu fruchtbaren Ergebnissen führt? Bis dahin bleibt allen Beteiligten nur, zu versuchen das Beste aus dem zu machen, was ist.

In diesem Kapitel geht es um den Reflex, der bei größeren oder kleineren Schulproblemen anscheinend sofort aktiviert wird: Es geht um den »Der Lehrer ist doof«-Reflex. Kennen Sie den? Mir begegnet er sehr häufig, wenn ich mit Kindern oder anderen Eltern spreche. Ich möchte anregen, darüber nachzudenken, was dieser Reflex taugt. Hält er uns nicht oft davon ab, etwas zu verändern und dazu beizutragen, dass Misstrauen und Schimpfen über Lehrer und Schule sich in Vertrauen und einen positiveren Blick verwandeln dürfen? Außerdem möchte ich für den Fall, dass ein Lehrer tatsächlich auch »doof« ist, Ideen aufzeigen, wie Sie damit umgehen können.

Genauso wenig wie alle Kinder und Eltern doof sind, trifft dies auf alle Lehrerinnen und Lehrer zu.

Überall wo Menschen aufeinandertreffen, gibt es welche darunter, die sich mögen, und andere, die sich nicht so gut leiden können. Manchmal stimmt einfach die Chemie nicht, und dann finden wir jemanden auch mal »doof«. Das spielt für alle Menschen eine Rolle – unabhängig davon, welche Voraussetzungen nach wissenschaftlichen oder objektiven Kriterien eine gute Lehrerin ausmachen. Das ist also an sich nichts Verwerfliches, sondern etwas, was im Leben so geschieht und auch durchaus Nutzen für uns hat.

Schublade auf! Lehrer rein! Schublade zu! – Wofür sind Schubladen gut?

Manchmal tun uns Schubladen gut, um das Verhalten des Gegenübers einordnen und uns entsprechend verhalten zu können. Gegenüber einem Chef, dessen Haltung wir klar einschätzen können und der uns wohlgesonnen erscheint, trauen wir uns eher, Schwächen einzugestehen und Fehler zu offenbaren. Bei einem Arbeitgeber, den wir so einschätzen, dass unser Fehler ein Kündigungsgrund werden könnte, werden wir es tunlichst unterlassen, ein Missgeschick in den Vordergrund zu stellen.

Wir alle kennen die alltägliche Erfahrung, Menschen und Situationen zu beurteilen und einzuschätzen. Wann immer wir anderen Menschen begegnen, bilden wir uns spontane, schnelle Meinungen, noch bevor wir jemanden richtig kennen: Ist jemand freundlich oder abweisend, langweilig oder interessant, sympathisch oder abstoßend? Lacht der andere uns an oder aus? Wir sammeln Informationen über Äußerlichkeiten wie Körpersprache, Motorik, Tempo, Alter, Geschlecht und ordnen das gegenwärtig Wahrgenommene für uns ein. Diese Orientierungshilfe brauchen wir und: Je stärker ein Abhängigkeitsverhältnis ist, desto mehr benutzen wir Schubladen beim Denken, um uns im Fühlen und Handeln besser vor den negativen Seiten der Abhängigkeit zu schützen.

Das gilt für große und kleine Menschen gleichermaßen, für Eltern ebenso wie für Lehrerinnen und Lehrer, für Schülerinnen wie für Schüler.

Kindern dient zudem das Schimpfen auf Lehrerinnen und Lehrer und darauf, dass die Schule doof ist, oft auch zur Stärkung und Abgrenzung – was sehr wichtig für die Entwicklung ihrer Identität ist. Das Gruppengefühl, das sie dadurch mit ihren Freunden erleben und betonen, ist ihnen zeitweise ein wichtigeres Anliegen, als die inhaltliche Botschaft als solche (siehe hierzu Seite 80).

Grundregel:
Im Konflikt hilft keine Schublade

Gerade im Konfliktfall, gerade dann, wenn bei Kindern und oft auch bei den Eltern der »Der Lehrer ist doof«-Reflex vollautomatisch ausgelöst wird, nützt dieses Schubladendenken, dieses Pauschalisieren, dieses schnelle Urteil gar nichts: Wie sollte es zu einer Lösung des Problems führen, mit der alle Beteiligten zufrieden sind? Es kann nur in Eskalation enden.

Lustlos stochern zwei meiner Kinder im Mittagessen herum. »Was ist los? Habt ihr euch gestritten, oder was ist euch für eine Laus über die Leber gelaufen?«, frage ich. Erst drucksen sie noch ein Weilchen herum, doch dann presst meine Tochter es aus sich

heraus: »*Mama, Herr Müller will nicht mehr unser Lehrer sein!*«
Stille. Beide Kinder gucken betreten auf die Teller. Und auch ich
muss das erst einmal in mir ankommen lassen. Dann purzeln die
Worte nur so aus beiden Kindern heraus: Herr Müller, ihr Klas-
senlehrer, sei heute Morgen mit der Botschaft in den Klassenraum
gekommen, dass er nicht habe schlafen können, weil er nicht
mehr wisse, wie er mit den Problemen mit ihnen umgehen solle.
Die Klasse und er und auch die Eltern könnten eben einfach nicht
mehr miteinander klarkommen. Er sei jetzt zu dem Entschluss ge-
kommen, dass es wohl das Beste sei, wenn er sein Amt als Klas-
senlehrer sofort abgibt. Die Klasse bekäme für die restliche Zeit
des Schuljahres einen neuen Klassenlehrer. »*Mama, das haben*
wir so nicht gewollt!« – »*Was soll jetzt nur werden, was sollen wir*
denn jetzt tun?« *Die Kinder sind gleichermaßen bestürzt und rat-*
los.

Wenn Sie ein Kind haben, das schon länger zur Schule geht, dann
ruft diese Geschichte vielleicht Erinnerungen an ein ähnliches
Erleben hervor – an einen Konflikt zwischen Lehrern, Kindern
und Eltern, bei dem alles so richtig schiefgegangen und eskaliert
ist. In diesem Fall verliefen alle vorherigen Versuche, die Probleme zwischen den Schülerinnen und Schülern und dem Lehrer
zu lösen, ergebnislos, selbst ein Gespräch, an dem der Lehrer und
die Elternvertreter, die Schülervertreter und die Schulleitung be-
teiligt waren. Die Fronten verhärteten sich immer mehr – mit dem
oben beschriebenen Ergebnis. Und was geschah dann?

Dann haben die jugendlichen Kinder gekämpft, mit sich selbst,
untereinander und mit den Eltern. Wer ist damit zufrieden, dass
der Lehrer wechselt? Wer will das so? Niemand. An diesem
Nachmittag wurden endlos Mails hin- und hergeschickt und Tele-
fonate geführt. Eltern haben viele Gespräche mit ihren Kindern
geführt, um sie dabei zu unterstützen, aus der Hilflosigkeit her-
auszukommen. Die Kinder wurden sich schnell einig, dass sie
jetzt selbst etwas tun müssten. Das Einschalten der Eltern hatte
ja nichts genützt. Schließlich verständigten sich die Kinder dar-

auf, dass sie diesen Lehrer weiter als ihren Klassenlehrer haben wollen. Sie besprachen alle erdenklichen Möglichkeiten, wie das Ganze zu retten wäre und wie die Klasse und der Lehrer bis zum Schuljahresende miteinander auskommen könnten. Und so gab es am folgenden Tag ein Gespräch zwischen dem Lehrer und den Schülerinnen und Schülern. Mit Hilfe einer Moderation aus dem Leitungsteam der Schule war es möglich, die gegenseitig angesammelten Kränkungen so weit zu klären, dass es gemeinsam wieder nach vorne gehen konnte.

Zeigt die Geschichte, dass der Lehrer »doof« ist? Nein! Es handelt sich hier um einen klugen und auch freundlichen Mann, der von sich aus den Kindern keineswegs etwas Böses möchte. Durch sein Verhalten hat er lediglich deutlich gemacht, dass er an die Grenze seiner persönlichen Möglichkeiten als Lehrer geraten ist. Und dafür verdient er Respekt (siehe unten).

Manchmal eskalieren Konflikte an Schulen so weit, dass es nur noch möglich scheint, das Handtuch zu werfen. In diesem Fall war es der Lehrer, der dies tat. Doch diese Geschichte zeigt auch, dass manchmal Situationen erst eskalieren müssen, damit jedem Beteiligten deutlicher wird, was er oder sie möchte und was nicht.

Ich bin der Überzeugung, dass das für die Kinder zwar kein angenehmes, aber dennoch ein gutes Training fürs Leben war. Und sicher haben alle Beteiligten daraus etwas sehr Wichtiges über Konflikte gelernt: dass es nicht hilft, den Kopf in den Sand zu stecken, und dass Lösungen gefunden werden, wenn alle Beteiligten den Willen haben, das Problem miteinander zu lösen.

Der Lehrer und die Schülerinnen und Schüler haben den Rest des Schuljahres daran gearbeitet, besser miteinander umzugehen. Und sie haben die Erfahrung gemacht, dass es auch möglich ist, einen Strich unter alte Konflikte zu ziehen. Der gegenseitige Wille, miteinander auskommen zu wollen, kann tatsächlich Berge versetzen: An dem anfangs beschriebenen Nachmittag hätte keiner der Beteiligten es für möglich gehalten, dass alle ein paar Wochen später mit Spaß zusammen auf Klassenreise gehen würden.

Der Lehrerinnenberuf ist Beziehungsarbeit

Schauen wir zwischendurch einmal durch die Lehrerbrille, machen Sie sich Folgendes bewusst: Die Lehrerin und der Lehrer haben nicht nur mit Ihrer zuvorkommenden, genialen Tochter oder Ihrem überaus höflichen und intelligenten Sohn zu tun! Lehrer müssen sich täglich auch mit verärgerten, ängstlichen, pubertierenden, provozierenden, neugierigen, selbstbewussten, depressiven, lauten, leisen oder zurückgezogenen Kindern auseinandersetzen. Ich denke, den Lehrern steht jede Hilfe zu, damit umzugehen, beispielsweise Supervision und vor allem mehr gesellschaftliche Achtung und Anerkennung.

Machen wir uns auch bewusst, dass Pädagogen immer auch mit ihrer eigenen Geschichte, ihrer Wahrnehmung und ihren eigenen Beziehungsmustern, das heißt, wie sie gelernt haben, Beziehungen zu leben, den Unterricht bestreiten.

Übrigens: Alle Achtung, liebe Lehrerinnen und Lehrer!

In Finnland ist der Lehrerberuf sehr angesehen und er wird gesellschaftlich als eine anspruchsvolle und wichtige soziale Aufgabe geschätzt: ein Beruf, der über den Bildungsauftrag hinaus sehr viel Verantwortung beinhaltet für die Zukunft unserer Kinder und dafür, dass eine Weiterentwicklung humanistischer, demokratischer Werte möglich wird. Die größere gesellschaftliche Wertschätzung von Lehrerinnen und Lehrern macht sich in Finnland an der Studienplatzsituation deutlich: Nur jeder zehnte Bewerber bekommt auch tatsächlich einen Studienplatz.

Lehrerinnen unterrichten oft zwei Fächer, und das in bis zu zwölf Schulklassen, die mit bis zu 33 Schulkindern besetzt sind. Im Extremfall hat ein Lehrer also knapp 400 Kinder zu unterrichten. Puh! Da kann ich mir nicht mal vorstellen, dass ich mir alle Namen merken könnte, geschweige denn, dass ich in der Lage wäre, sie alle in ihrer Persönlichkeit anzusprechen. Enja Riegel, die Leiterin der inzwischen berühmten Reformschule aus Wiesbaden, geht übereinstimmend mit vielen anderen Fachleuten sogar so weit zu behaupten, das sei kein Unterricht, sondern Dompteursarbeit. In ihrer Schule hat sie diese Problematik überwunden, indem immer acht Lehrer und Lehrerinnen im Team einen Jahrgang von vier Parallelklassen unterrichten, und zwar durchgehend von Jahrgangsstufe 5 bis zur Jahrgangsstufe 10. Diese fundamentale Kehrtwende bringt nicht nur mehr Kontinuität und den Vorteil, dass Lehrerinnen und Kinder sich gut kennen. Die Lehrerinnen und Lehrer erfahren dadurch auch ständig, dass sie Kinder und nicht Fächer unterrichten. Das heißt, der Beziehung wird ebenso Beachtung geschenkt wie den Lerninhalten.[1]

Ist die Beziehung zum Lehrer gestört?

Es gibt kaum Konflikte, die nur die Sachebene betreffen. So passieren auch Konflikte mit Lehrern in der Regel auf der Beziehungsebene. Manche Kinder schalten im Unterricht ab, weil sie sich gekränkt fühlen, oder sie glauben, dass ihre Bemühungen sowieso keinen Sinn haben, da der Lehrer sie einfach nicht mag. Wenn Ihr Kind in der Beziehung zur Lehrerin oder zum Lehrer etwas so stört, dass es nicht mehr arbeitsfähig ist, dann ist es wichtig, zuzuhören und Unterstützung anzubieten. Es hilft jetzt, mit dem Kind herauszufinden, woher es dieses Gefühl hat und wie es entstanden ist. Und sie gewinnen dadurch Klarheit über das weitere Vorgehen: Möchten Sie sich einschalten? Oder kann Ihr Kind mit Ihnen überlegen, was es selbst tun könnte? So hätte es die Chance, eine eigene Lösung zu finden und sie selbst umzusetzen sowie daran zu wachsen.

Es kann hilfreich für Ihr Kind bzw. die Lösung des anstehenden Problems sein, wenn Sie sich mit dem Lehrer oder der Lehrerin verständigen. Dazu braucht es aber eine gegenseitige Vertrauensbasis. Und die ist ja nicht immer herbeizuzaubern. Wenn Sie bezüglich eines Problems wirklich feindlicher Stimmung sind, dann holen Sie besser noch einmal tief Luft und beratschlagen sich mit einer Person Ihres Vertrauens, was Sie erreichen möchten, bevor Sie aufgebracht in die Schule rennen. Denn die Befürchtung, dass Sie mit einem aggressiven Gespräch alles nur noch schlimmer für Ihr Kind machen können, ist natürlich berechtigt. Versuchen Sie, sich immer wieder darauf zu besinnen, dass Sie gemeinsam mit dem Lehrer nach einer Lösung suchen wollen. Wenn Ihr Kind mit einem Problem in Not ist, sollten Sie der konstruktiven Zusammenarbeit eine Chance geben. Je mehr Eltern und Lehrerinnen und Lehrer an gemeinsamen, guten Lösungen für die Kinder interessiert sind, desto besser wird das Ergebnis für unsere Kinder sein.

Wann Sie unbedingt einschreiten

Früher haben Lehrer mit dem Rohrstock auch ihre eigenen Gefühle bearbeitet und herausgeprügelt. Zum Glück ist das nicht mehr erlaubt, auch nicht die Ohrfeige – weder für Lehrerinnen noch für Eltern. Aber mit der Einführung des gesetzlichen Verbotes dieser Form von Gewalt hat sich nicht alle Aggression plötzlich in Luft aufgelöst. Auch jetzt gibt es noch Lehrer, die sich in ihrer Ohnmacht nicht anders zu verhalten wissen, als verbale Schläge zu verteilen: Eine Mutter berichtete mir aufgebracht, dass ihr Kind weinend nach Hause kam, weil der Lehrer sie alle als »Arschkrampen« beschimpft hatte. Auch andere Beschimpfungen wie »Ihr seid doch alle Loser!« sind in keinem Fall zu dulden.

An dieser Stelle ist es Zeit einzugreifen, in die Schule zu gehen und das sofortige Gespräch zu suchen! Jetzt ist Deutlichkeit gefragt und der Lehrerin oder dem Lehrer die Grenze unmissverständlich aufzuzeigen. Demütigungen, Tyrannei und andere Übergriffe auf Ihr Kind sollten Sie in keinem Fall hinnehmen. Ihr unmissverständliches Verhalten dazu vermittelt auch Ihrem Kind eine wichtige Botschaft: Hier ist die Grenze, und Sie stehen dafür ein, dass sie eingehalten wird. So kann auch Ihr Kind Grenzen akzeptieren und ziehen und (je nach Alter) selbstbewusst dafür sorgen, dass diese eingehalten werden.

Indem Sie in solch einem Ernstfall sofort das direkte Gespräch mit dem Lehrer suchen, bekommt der Lehrer, der ja auch nicht perfekt ist, die Möglichkeit, sich dem Kind bzw. den Kindern unmittelbar zu erklären und sich bei ihm oder ihnen zu entschuldigen. Zwei Wochen später hat eine solche Reaktion kaum noch Wirkung.

Es gibt auch eine Grauzone, in der es nicht gleich klar ist, ob das Kind alleine versuchen sollte, den Konflikt zu klären, oder ob es Ihrer Unterstützung bedarf. Klären Sie zuerst mit dem Kind, was seiner Meinung nach richtig ist, und prüfen Sie für sich selber, ob Sie einen Alleingang Ihres Kindes verantworten können.

Wann ist es richtig einzuschreiten?

Ich habe einmal sehr mit mir gerungen, als die Kinder in der 5. Klasse waren:

Meine Drillinge unterhielten sich mehrfach kichernd über eine Lehrerin und deren täglichen Einsatz von Lippenstift und Nagellack im Unterricht. Ich fragte nach: Tatsächlich gab die Lehrerin den Kindern im Unterricht Aufgaben und lackierte sich zwischenzeitlich die Fingernägel. Ich war entsetzt! Nicht nur darüber, dass die theatralisch vorgeführten Schilderungen wie aus einem schlechten Film mit überaltertem Rollenbild wirkten. Sondern dies sah ich nun wirklich nicht als Teil ihrer bezahlten Aufgabe als Lehrerin an. Es war sehr deutlich, dass die Kinder die Lehrerin nicht ernst nahmen. Mein sofortiger Impuls war, dass ich die Lehrerin anrufen und sie zur Rede stellen wollte. Meine Kinder schrieen auf: »Nein, Mama!«

So schwer es mir fiel, ich musste mir eingestehen: *Ich* hatte einen inneren Konflikt, da ich mich verantwortlich fühlte, auf eine Änderung des Verhaltens bei dieser Lehrerin hinzuwirken. *Die Kinder* hatten aber keinen Konflikt und wollten nicht, dass irgend etwas gegen das Schminken im Unterricht unternommen wurde. Ich habe mich in diesem Fall den Wünschen meiner Kinder gefügt, aber die Unsicherheit, ob es nicht doch nötig gewesen wäre, einzuschreiten, hat mich nicht ganz losgelassen. Bei den Kindern hat das Verhalten der Lehrerin jedenfalls weder hinsichtlich ihrer Rollenbilder noch hinsichtlich ihrer schulischen Leistungen größeren Schaden angerichtet. Sie nehmen ja zum Glück nicht jede unabsichtliche Prägung, die ihnen über den Weg läuft, mit.

Anders verhielt es sich in dem folgenden Beispiel. Hier war es eindeutig richtig, dass die Mutter mit dem Lehrer Kontakt aufnahm:

Die 12-jährige Sophie, im tiefsten Nebel der Vorpubertät und mit größeren Schwierigkeiten in Mathematik, entwickelte immer größere Ängste vor dem Fach. Als peinlichstes und dringlichstes Problem schilderte sie, dass sie oft von ihrem Lehrer drangenommen würde, und wenn sie die Lösung nicht wüsste, dann solle sie an die Tafel kommen, um sie dort mit seiner Hilfe zu erarbeiten. Das sei die Hölle für sie, und dann ginge gar nichts mehr.

Die Mutter nahm sich mit ihrer Tochter Zeit, das Problem zu ergründen. Im Sinne der Erziehung zur Selbstständigkeit hätte sie gerne mit Sophie überlegt, wie sie im Unterricht oder auch im Anschluss daran mit dem Lehrer selber darüber reden könnte. Vielleicht würde der gar nicht merken, dass das so schrecklich für sie sei, da vorne an der Tafel? Oder ob es etwas anderes gäbe, was sie selbst tun könne, damit es besser würde? Nein, alles sei zu schrecklich und zu peinlich. Sophie war auch nicht zu ermutigen, zusammen mit der Mutter zum Gespräch mit dem Lehrer zu gehen. Sie fühlte sich in ihrer ganzen Person peinlich vorgeführt und wollte einfach eine Hilfe von der Mutter, damit es im Moment keine schrecklichen Gänge zur Tafel mehr gäbe.

Die Mutter meldete sich also zum Gespräch beim Lehrer an.

Sophie steckte gerade in einer Lebensphase, in der es um die Selbstsicherheit nicht so gut bestellt war, und traute sich eine eigenständige Lösung des Problems nicht zu. Gut, dass sie sich der Mutter anvertraut hat.

Die Mutter berichtete mir nach dem Gespräch mit dem Lehrer, dass es auch für sie schwierig gewesen sei. Da er zwar ein alter Hase, aber vorher nur mit älteren Schülerinnen und Schülern in der Oberstufe gearbeitet hatte, habe er nicht gleich Verständnis für die Problematik gezeigt. Stattdessen habe er immer wieder versucht, seine pädagogischen Überlegungen zu dieser Methode, etwas an der Tafel mit seiner Hilfe zu erarbeiten, zu rechtfertigen und zu verteidigen. Er habe das Problem von Sophie nicht als so schlimm befunden. Sie sei aber fest dabei geblieben, dass es gerade nicht um seine pädagogischen Auffassungen gehe, sondern

117

darum, wie es für Sophie in Mathe konkret weitergehen könne. Aber dabei musste Sophies Mutter so deutlich werden, dass sie zwischendurch Angst gehabt habe, sie wirke feindselig auf den Lehrer und er würde sich nur angegriffen fühlen. Und dann wäre die Stimmung zwischen Sophie und ihm gar nicht mehr zu retten. Zum Glück endete das Gespräch nicht feindselig, sondern sehr konstruktiv mit der Absprache, dass der Lehrer auf diese Methode bei Sophie erst einmal verzichten würde. Und auch andere Ideen, was Sophie dabei helfen könnte, die Matheblockade aufzuheben oder zumindest zu lösen, haben durch dieses Gespräch den Weg zu ihr gefunden.

Ist ein Lehrer tatsächlich »doof« – was dann?

Bei allem guten Willen, wieder mehr Vertrauen zu Schule und Lehrern aufzubauen, kann es ja doch auch einmal vorkommen, dass Ihr Kind und Sie sich mit einem Lehrer auseinandersetzen müssen, der tatsächlich »doof« ist. Was dann?

Wenn es Ihr Kind nicht so grundlegend beeinträchtigt und Sie nicht so besorgt sind, dass Sie einen Klassen- oder Schulwechsel in Betracht ziehen, dann haben Sie drei Möglichkeiten, mit dem Problem umzugehen:

1. Sie können versuchen, die Lehrerin oder den Lehrer zu ändern: Vergessen Sie es. Sie werden sich die Zähne ausbeißen. Sie können einen anderen Menschen nicht ändern, wenn er das selber nicht will – auch den Lehrer Ihres Kindes nicht! Denken Sie an Ihre Gesundheit und folgen Sie dieser Lebensregel.

2. Suchen Sie eine Lösung für das konkrete Problem: Auf der Beziehungsebene ist mit einem tatsächlich »doofen« Lehrer wahrscheinlich nichts zu verbessern. Aber im Bereich des konkreten Sachproblems, an dem der Konflikt aufgebrochen ist, ist es möglich, gemeinsam Lösungen oder Kompromisse zu suchen. Das Ergebnis ist dann zwar meist nur ein »Waffenstillstand«, und Sie sollten damit rechnen, dass der Konflikt an anderer Stelle demnächst wieder aufbricht. Aber wenn es langsam vorangeht, ist das immer noch besser, als wenn Sie alle miteinander für den Rest des Lebens oder auch nur des Schuljahres oder der Woche in einer Sackgasse steckenbleiben. Wenn Sie mit ruhiger Beharrlichkeit einige Male zu so einem Waffenstillstand gelangt sind, kann es auch sein, dass sich allseits die Konfliktfreude mildert – und Ruhe einkehrt.

Hier ist wichtig: Besprechen Sie mit Ihrem Kind, ob und wie es selbst Lösungen mit dem Lehrer finden kann. Ermutigen Sie es dazu. Beziehen Sie in Ihre Überlegungen, was zu tun ist, stets die Wünsche Ihres Kindes ein, besonders bei der Frage, ob Sie etwas unternehmen oder nicht.

3. Ändern Sie sich selbst bzw. Ihre Haltung zu dem konkreten Geschehen – damit es Ihnen selbst besser geht! Damit es Ihrem Kind besser geht! Und auch, damit Sie diese Art, mit Schwierigkeiten umzugehen, Ihrem Kind vorleben.

Wie können wir unsere Haltung dazu ändern, wenn wir uns mit einem »doofen« Lehrer, Vorgesetzten, Amtsmann oder auch Angehörigen, Gast … abgeben müssen? Hier einige Vorschläge für den Lehrernotfall. Sie können sie leicht auf alle anderen »Doofen«, mit denen Sie im Leben zu tun haben, übertragen:

❀ Sie nehmen das Problem nicht so wichtig: Hat Ihr Kind noch genügend andere Bereiche, in denen es sich wohlfühlt? Dann können Sie es gelassen hinnehmen, dass diese Stunden bei diesem Lehrer nicht das sein werden, was Ihr Kind in beispielsweise Mathe weiterbringt, und auch nicht das, was für Ihr Kind die Schule »schön« macht.

❀ Gibt es andere Stunden in der Schule, andere Lehrer, die Ihrem Kind guttun? Konzentrieren Sie sich darauf und relativieren Sie den Lehrer als einen kleinen Teil von Schule.

❀ Werfen Sie einen positiven Blick nach vorn: Fassen Sie mit ihrem Kind den nächsten Lehrerwechsel ins Auge. Es ist schlimmstenfalls nur eine Frage der Zeit, wann es dieses »Problem« los ist. Ganz sicher ist das irgendwann bzw. genau dann (eventuell Datum im Kalender anstreichen) vorbei.

❀ Überlegen Sie, falls Ihr Kind richtig leidet, mit ihm, wie es sich schützen kann: Sie können beispielsweise eine Übung oder ein Ritual besprechen, was helfen könnte, sich möglichst wenig ärgern zu lassen: Ihre Tochter könnte eine Freundin einweihen, die ihr in kritischen Momenten zuzwinkern könnte. Oder Ihr Sohn hat stets einen Kraftstein in der Hosentasche, der ihm hilft, mutiger dazu zu stehen, wenn er etwas nicht weiß. Vielleicht üben Sie auch mal miteinander, richtig »cool« zu bleiben: Sie können Situationen miteinander schauspielern.

❀ Vielleicht möchte Ihr Kind sich in dem Gefühl »Dem zeig ich es aber mal« üben und über gute Leistung dem Lehrer den Wind aus den Segeln nehmen und weniger Angriffsfläche bieten?

Nobody is perfect: Wie wir gut mit Fehlern umgehen können

Oft ist eine Lehrerin oder ein Lehrer gar nicht »doof«, sondern sie oder er hat nur mal einen Fehler gemacht oder einfach eine kleine Macke.

Gerade in unserer auf Scheinperfektionismus getrimmten Gesellschaft können wir es gar nicht hoch genug schätzen, wenn jemand einen Fehler eingesteht und sich bemüht, es wieder gut oder zukünftig besser zu machen. Es gibt Lehrerinnen und Lehrer, die dies tun und so ihre persönliche Stärke beweisen. Wenn ich das erlebe, freue ich mich auch über das gute Vorbild, dass so eine starke Persönlichkeit unseren Kindern gibt.

Alle Menschen sind wundervolle und manchmal eben auch wundersame Individuen mit Stärken und Schwächen! Und die Menschen, die es hinbekommen, ohne einen größeren Verlust von Selbstvertrauen einen Fehler einzugestehen oder eine Schwäche zu zeigen, das sind die wirklich starken Menschen. Und besonders stark ist es, dieses auch vor Schulkindern transparent zu machen.

Wenn uns so ein starkes Verhalten in der Schule begegnet, dann sollten wir es würdigen – auch indem wir es anderen weitererzählen.

Es gibt wohl noch immer einige Lehrer, die denken wirklich noch: DER LEHRER HAT IMMER RECHT! Ich verstehe, dass Lehrer sich für den harten Durchsetzungskampf und gegen die vielen Ansprüche von allen Seiten wappnen müssen. Ein Lehrer, der sich nicht durchzusetzen weiß, hat verloren und kann vor den Kindern nur schwer bestehen. Ich kenne mehrere Lehrerinnen und Lehrer, die frühzeitig berentet wurden, ausgestiegen sind.

Eine Lehrerin hat sicher nicht immer Recht. Aber das Selbstbewusstsein, die Selbsteinschätzung, dass sie wahrscheinlich Recht haben könnte, und der Glaube an sich selber sind schon wichtige Halt gebende Elemente im Dasein einer Lehrerin. Die Kinder sollten schon wissen, wen sie vor sich haben.

Aber Lehrer, die keine Fehler machen? Die Kinder wollen ihre Lehrerinnen und Lehrer als echte Menschen fühlen – auch mit Schwächen. Es ist beachtlich, wenn diese sich trauen, Fehler und Schwächen den Kindern gegenüber einzugestehen. Wenn es Lehrerinnen und Lehrern gelingt, dazu zu stehen, bietet dieses für sie selbst und durch das Vorbild auch für die Kinder eher einen Zuwachs an Selbstbewusstsein als das Verstecken von Schwächen und der Scheinperfektionismus. Und mal ehrlich: Es muss auch ziemlich schwierig sein, dauerhaft Macken zu verstecken, wenn über 30 Augenpaare unentwegt darauf lauern, oder?

5 Ideen, was wir Eltern sofort in der Haltung zu Schule und Lehrern ändern können

Unsere eigene Haltung und unser Verhalten wirken auf uns selbst und auf andere zurück. Wir können einiges tun, damit wir den Kreislauf der gegenseitigen Schuldzuschreibungen und des Misstrauens durchbrechen und nicht »aus Versehen selber doof« sind:

1. Wir schließen uns dem Schimpfen unserer Kinder auf Schule und Lehrerinnen und Lehrer grundsätzlich nicht an.
2. Aktivieren wir in unseren Hinterköpfen, dass Lernen etwas sehr Gutes und Schule schön ist. Eine Veränderung der Blickrichtung verändert Haltung und Verhalten: Immer wenn wir etwas Schlechtes über die Schule sagen (was ja manchmal nötig ist und uns guttut), denken wir anschließend auch an etwas Gutes und sagen es auch. Machen wir uns auf diese Weise bewusst, dass es im Schulzusammenhang auch sehr viel Positives gibt. Vielleicht fällt Ihnen im Augenblick dazu »nur« die Freude darüber ein, dass Ihre Tochter so stolz auf ihr letztes Bild und auf die Begeisterung des Kunstlehrers darüber war oder dass ihr Sohn bereits lange einen wirklich guten Schulfreund hat. Das ist jedenfalls ein Anfang, wie klein auch immer er sein möge. Denn: Wie wir über Schule und die Lehrer denken und zu Hause und in der Öffentlichkeit darüber reden, prägt nicht nur uns und unsere Kinder, sondern wirkt auch auf alle Beteiligten am Schulsystem.
3. Wir können das Wort Respekt oder Achtung wieder mehr in unseren alltäglichen Sprachgebrauch nehmen:

Reden wir darüber, warum wir Achtung vor diesem Verhalten der Lehrerin haben, die gute Ideen hat, ihr Kind engagiert in Neugier und Auseinandersetzungsfreude zu stärken. Und warum wir aber jenes Verhalten einer Lehrerin, das Selbstständigkeit und den Mut zu einer eigenen Meinung bei Ihrem Kind blockiert, weniger anerkennen. Überlegen wir – getrost auch gemeinsam mit den Kindern –, was hinter einem Lehrer-Verhalten stecken könnte, das wir nicht sofort verstehen. Fragen wir nach, wenn wir es weiterhin nicht verstehen, ehe wir es verurteilen.

4. Seit einiger Zeit gibt es viele spannende Diskussionen: Warum werden Lehrer nicht wie alle Angestellten bewertet und nach Leistung bezahlt? Warum gibt es immer noch verbeamtete Lehrer, warum können »schlechte« Lehrer nicht entlassen werden? Ist die viel diskutierte Schülerbewertung auf www.spick-mich.de nun eigentlich gut oder nicht? Bis all diese Fragen diskutiert sind und zu einem wie auch immer gearteten fruchtbaren Ergebnis geführt haben, möchte ich vorschlagen, dass wir uns kritisch selbst beobachten: Was sagen wir, was sagen Sie oder Ihre Freunde, Bekannte zuerst, wenn das Gespräch auf Schule und Lehrer kommt? Negatives. Vielleicht können wir uns vornehmen, diese Gewohnheit zu ändern. Vielleicht hilft es dem Miteinander, wenn wir uns immer wieder an die goldene Regel erinnern – für Große und Kleine: »Behandle die anderen so, wie du selbst auch behandelt werden möchtest.«

5. Überlegen Sie, welche Punkte Ihnen für eine gute Zusammenarbeit mit den Lehrern Ihres Kindes wichtig sind, und suchen Sie nach *Ihren* Wegen, wie Sie daran positiv etwas verändern und beeinflussen können.

Eine immer wiederkehrende Schwierigkeit für uns Eltern ist zum Beispiel die unterschiedliche Erreichbarkeit von Lehrerinnen und Lehrern. Manche geben ihre Privatnummer inklusive Telefonzeiten heraus, andere sind nur per Nachricht mit Rückrufwunsch über das Sekretariat erreichbar. An den meisten Schulen gibt es bisher keine eigenen Arbeitsplätze für Lehrerinnen und Lehrer, keine festen Anwesenheitszeiten, und es stehen für Kinder und Eltern keine festen Sprechzeiten zur Verfügung. Natürlich wollen wir nicht warten, bis die Bedingungen sich verändert haben, und sicher brauchen wir die Information, wann wir anrufen können. Aber auch ohne optimale Strukturen gibt es Möglichkeiten, wie Sie im Kleinen selber dazu beitragen können, die Zusammenarbeit zwischen Ihnen und dem Lehrer zu verbessern: Initiieren Sie auf dem Elternabend das Erstellen einer Liste, welcher Lehrer wann erreichbar ist. Niemand erwartet, dass ein Lehrer jederzeit im Dienst ist, aber Sie müssen natürlich wissen, wann Elternanrufe erwünscht sind, damit Sie nicht Bedenken haben, den Lehrer in seiner Privatzeit zu stören.

Trauen wir uns

Betrachten Sie Lehrerinnen und Lehrer grundsätzlich als Menschen, die Ihrem Kind und Ihnen gute Begleiter sein wollen. Das nötige gesunde Maß an kritischem Gespür, das Ihnen hilft, schwarze Lehrerin-Schafe, die Ihrem Kind Schlechtes wollen, zu erkennen, sollen Sie sich natürlich erhalten! Es geht nicht darum, blind allen Lehrern zu vertrauen und sich »Doofe« schön zu reden. Aber eine fruchtbare Zusammenarbeit kann nur entstehen, wenn Eltern aufhören, den Lehrern alleinige Verantwortung zuzuschieben und sie in Schubladen zu stecken, in denen für Vertrauen keinen Platz ist.

Also trauen wir uns, wieder zu einer vertrauensvollen Grundhaltung zu finden. Eltern wie Lehrer. Wir werden die Bedingungen für unsere Kinder und für alle an der Schule Beteiligten verbessern, wenn wir bei uns selbst beginnen.

9. Pubertät ist, wenn die Eltern und die Schule schwierig werden

Erklärungen der Wissenschaft zur Entwicklung von Pubertierenden sowie praktische Tipps helfen beim Umgang mit Pubertierenden hinsichtlich Schule.

Da im Lauf der Pubertät einige Veränderungen auftauchen, die besondere Beachtung verdienen, habe ich mich entschieden, diesem Stadium ein gesondertes Kapitel zu widmen. Ohne das Gegenteil heraufbeschwören zu wollen, glaube ich, dass wir mit unseren fast 17-jährigen Drillingen jetzt »durch das Gröbste durch« sind. Wenn ich mal absehe von den Turbulenzen, die entstehen, weil jegliche Planung und Verabredung schwer davon beeinträchtigt sind, dass der präfrontale Kortex (Erläuterung siehe Seite 129 unten) nicht funktioniert:

Morgens muss mal wieder auf den letzten Drücker doch noch das Sportzeug gepackt werden, und plötzlich fällt einem der anderen Teenager ein, dass er ja heute gar nicht zum Schulbus muss, sondern das Fahrrad nimmt, da ein Ausflug stattfindet; ach, und er wollte doch fürs Picknick was beisteuern! Na, Kuchen backen geht jetzt nicht mehr, aber es sind noch Bananen und Äpfel da ...

Gleichzeitig teilt die Dritte mit, dass sie nach der Schule nicht zurückkommt, weil sie sich mit der Freundin für das Englischreferat verabredet hat. Der Bus geht in vier Minuten! »Hey, das geht

nicht. Du hast doch um zwei einen Termin bei der Kieferorthopä-
din!« – »Oh ne! Mama! Das Englischreferat ist doch schon Mor-
gen!« Begeisterung auf der ganzen Linie. Der mit dem vergesse-
nen Sportzeug ist inzwischen schon los zum Bus, der andere
schwingt sich auf sein Fahrrad ... Es bleiben nur noch Sekunden
für eine Reaktion auf die doppelte Verabredung und den hilflosen
Blick meiner Tochter, was jetzt damit passieren soll. Also nehme
ich ihr die Entscheidung ab und auch den Anruf für die Termin-
verschiebung bei der Kieferorthopädin. »Danke, Mama!« Sie
saust los und ich muss mich erst einmal setzen.

Nach einem solchem Start in den Tag kommt schon auch die
klassische Frage auf: »Was haben wir Eltern da falsch gemacht?« Wahrscheinlich haben wir was falsch gemacht, denn
eine Erziehung, in der alles »richtig« läuft, die gibt es nicht. Zum
Glück! Sonst wären wir Maschinen, die nach Plan A oder B laufen. Und das wäre doch ziemlich langweilig, oder? Obwohl ich
genau weiß, dass der eben beschriebene morgendliche Moment
bestimmt eine Portion Sehnsucht nach einer klitzekleinen Langeweile bei mir hervorgerufen hat.

Plötzlich können die Teenager Dinge nicht mehr, die sie schon
längst einmal konnten! Verlernt? Okay, dass es plötzlich nicht
mehr geht, auf einen Anrufbeantworter zu sprechen, verstehe ich
ja: ist schließlich peinlich. Aber warum wird es morgens immer
schwieriger, warum wird jedes Treffen und Einhalten einer Verabredung zu einem Riesenproblem? Und warum fällt Mathe
plötzlich so schwer?

Waren wir zu inkonsequent mit bestimmten Regeln? Und
wann sind Menschen eigentlich aus dem Gröbsten raus, und was
heißt das »Gröbste« eigentlich?

Jetzt tut es oft sehr gut, wenn der wunderbare Mann an meiner
Seite und ich uns einig sind und wir uns zusammen die nötige
Kraft geben. Oder wenn die Freundin ein offenes Ohr hat.

Auch jeder und jedem Alleinerziehenden wünsche ich jedenfalls von Herzen zumindest eine gute Freundin, einen guten
Freund! Wir merken deutlich, dass die neuen Probleme mit all

den zurückliegenden Erziehungs- und Beziehungserfahrungen, die wir mit den Kindern haben, nur entfernt verwandt sind. Wir werden den Kindern jetzt »unwichtiger«, und beidseitige Ablösung in ganz anderer Form wird wichtig. Darüber hinaus verändern sich die Teenager auch aus anderen Gründen, die wenig mit uns zu tun haben. Neben den vielen körperlichen Veränderungen und den Hormonkarusselfahrten tut sich sehr viel im Kopf!

Die neuere Hirnforschung erklärt uns einiges

Früher sind Wissenschaftler davon ausgegangen, dass das menschliche Gehirn bis zum Alter von zwölf Jahren ausgereift ist. Heute ist bekannt, dass das Gehirn in der Pubertät eine riesige Baustellenlandschaft ist. Es gibt Bereiche, die sich bis zum Alter von 20 Jahren und darüber hinaus entwickeln und neu verschalten. Manche Bereiche sind wegen Bauarbeiten zeitweilig komplett geschlossen. Diese vielen Baustellen bringen manchmal sehr ineffiziente Verschaltungen neuronaler Zentren mit sich.

So geht in der Altersspanne zwischen 12 und 18 zum Beispiel die Geschwindigkeit, mit der Jugendliche die Gefühle von Mitmenschen erkennen, um bis zu 20 Prozent zurück. Wir mögen uns wundern, dass der Sohn oder die Tochter sich in unseren Augen völlig überflüssig mit der Geschichtslehrerin anlegt, während er oder sie einfach nicht rechtzeitig aus ihrem Gesicht ablesen konnte, dass der Zeitpunkt für freundliche Ermahnung längst vorbei war.

Direkt hinter unserer Stirn befindet sich der präfrontale Kortex; der ist im Gehirn dafür zuständig, dass solche Entscheidungen getroffen werden wie: Jetzt mache ich zuerst meine Hausaufgaben, dann spiele ich Gitarre, und danach ist noch Zeit, mich mit meinem Freund zu verabreden. Jay Giedd, ein Kinderpsychiater aus den USA, und sein Forscherteam, die mit Hilfe von

Kernspintomographie über 500 Jugendlichengehirne gescannt haben, gewannen bahnbrechend neue Einblicke in die tiefgreifenden Umbauten, die sich in Teenagergehirnen abspielen. So hat man zum Beispiel herausgefunden, dass dieser präfrontale Kortex seine letzte Ausbauphase erst nach dem 20. Lebensjahr erreicht. Auch andere Forscher und Forscherinnen sind sich einig, dass dieser auch Frontallappen genannte Bereich des Gehirns manchmal wegen großräumiger Umbauarbeiten einfach nicht voll funktioniert.[1] Eine Erklärung dafür, dass Jugendliche sich mit Planung und Organisation plötzlich wieder schwertun.

Bezüglich der spätabendlichen Aktivitätsphasen eines Teenagers, ist es hilfreich zu wissen, dass die Melatonin-Produktion im Gehirn zwei Stunden später als bei Erwachsenen stattfindet. Das Hormon bewirkt, dass wir uns müde fühlen, und wird bei Jugendlichen auch am Morgen zwei Stunden später als bei Erwachsenen abgebaut. Das stellt die morgendlichen Mühen, die ein Teenager hat, aus dem Bett zu kommen, in ein anderes Licht. Und Sie brauchen also das morgendliche stundenlange Dauerradiodröhnen nicht als Einladung zum Machtkampf begreifen. Es ist ein normaler körperlicher Pubertätsprozess, dass Ihr Kind eine Zeitlang abends nicht so früh einschlafen kann und morgens nicht gut aus dem Bett kommt. Da trotz dieser Erkenntnis Jugendliche hierzulande nicht später zur Schule gehen dürfen, müssen Sie und Ihr Kind damit umgehen: Am Wochenende brauchen Sie sich nicht weiter zu wundern, wenn Ihr Kind bis zum Mittag im Bett liegt. Ansonsten ist natürlich Aufstehen angesagt. Und wie bei anderen Dingen ist auch hier sinnvoll, dass die Teenager mehr und mehr die eigene Verantwortung für ihr Tun tragen. Wenn es Ihnen gelingt, Ihr Kind verschlafen zu lassen, wenn Sie nicht mehr zuständig sein möchten, ihn oder sie zu wecken (das haben Sie natürlich vorher angekündigt), werden Sie feststellen, dass nach ein- oder zweimal Verschlafen sich das Problem meistens löst. Sollte das Problem sich auf diese Art nicht meistern lassen, dann hilft vielleicht die folgende Standardformel für Konfliktgespräche aller Art: »Ich habe ein Problem damit, dass du morgens nicht aus dem Bett kommst. Wie können wir das lösen?« Der Jugendliche muss sich selbst Gedanken machen und Vorschläge entwickeln! Und die müssen Sie ernst nehmen und nach Möglichkeit ausprobieren.[2] Das schützt auch vor dem indirekten Mechanismus, der unweigerlich wirkt, wenn wir Jugendlichen zu viel Verantwortung für ihr Handeln abnehmen: Sie können darunter leicht unausgesprochene Botschaften verstehen, die jedes aufkeimende Selbstbewusstsein schnell im Keim ersticken kann: »Du kannst das sowieso nicht allein.« Oder: »Ich traue es dir nicht zu.« Ein Grund mehr, sie die nötigen Erfahrungen machen zu lassen; und sei es die eines ersten selbst organisierten Campingurlaubs oder die des morgendlichen Verschlafens.

Woran denken Sie, wenn Sie an Ihre Pubertät zurückdenken?

Vor einigen Jahren habe ich auf einer niedersächsischen Mehrlingsfreizeit einen Vortrag zum Thema Pubertät bei Drillingen gehalten. Nach einer kurzen Einstimmung auf das Thema Pubertät haben wir auf Karten Begriffe und Sätze gesammelt, die jede und jeder für sich hiermit verbindet. Dabei kam folgende Sammlung zustande:

Nicht Fisch – nicht Fleisch / wer bin ich und was will ich? / lange Haare / nächtliche Ejakulation / Infobedarf aus Zeitschriften Bravo, Mädchen / schlechter Friseur / Kampf um bestimmte Klamotten / sehr launig / späte

---

Definition von Pubertät

»Neurologisch gesehen, ähneln Teenager einem vollbesetzten Airbus, der mit vibrierenden Triebwerken über die Startbahn jagt, während im Cockpit noch an Kontrollinstrumenten und Navigationssystemen geschraubt wird.«[3]

131

Regel / sich selbst nicht leiden können / Streit um Kleidung / Unwissenheit und die Regel / Pickel / Eltern nerven / Unsicherheit / nicht wissen, wo man steht / Pickel / laute Musik / Führerschein / Erwachsene wissen alles besser / unverstanden gefühlt / Ärger mit den Eltern / Kind oder Erwachsener ... ich wusste es selbst nicht, und wie die Erwachsenen mich auch behandelten – sie konnten es nur falsch machen ... / eigener Wille / ich bin der Beste / Stress mit Vater, Eifersucht / spannende Erlebnisse / der erste Freund / verliebt / Clique ganz wichtig / offen für Neues / mein erster Ohrring / mobil sein / politische Protesthaltung / Bürste oder Kamm in der Jackentasche / die Meinung der Anderen war mir sehr wichtig / Flickenlatzhose / Stolz auf Markenklamotten / keiner versteht mich / Aufregung und Herzklopfen / Veränderungen der Stimme und Stimmungsschwankung / Freunde sind das Wichtigste / das erste Mal / ich mache einiges anders / wer bin ich?

Das Thema Schule tauchte mit keinem Wort auf! Indirekt lässt sich aber erahnen, was die innere Beschäftigung mit all diesen Dingen für das Thema Schule bedeutet.

Eine Mutter platzte heraus, sie finde, in der Pubertät sollten die Teenager eigentlich von der Schule befreit sein. Ob sie wusste, dass sie damit auch verschiedenen Fachleuten wie zum Beispiel dem Pädagogikprofessor Hartmut von Hentig aus der Seele spricht? Er ist der Gründer der Laborschule in Bielefeld, die ebenso wie die Helene-Lange-Schule in Wiesbaden wunderbare Schulkonzepte entwickelt hat – und das sehr erfolgreich: Beide Schulen haben in Deutschland bei PISA mit am besten abgeschnitten. Hartmut von Hentigs Vorschlag lautete,»die Schule in diesem Alter auszusetzen und mit Jugendlichen große Projekte wie Renovierung eines Bauernhof oder Erlebnisreisen durchzuführen«.[4]

Jugendliche sind bei uns aber schulpflichtig – so sehr Ihr Kind unter den Wirrungen der Pubertät leiden mag und Sie mit ihm, so sehr Eltern leiden mögen, die zeitgleich womöglich mit zwei, drei oder noch mehr Pubertierenden täglich zu tun haben, so sehr auch die Lehrerinnen und Lehrer leiden mögen, die diese Kinder im Turboentwicklungsstadium Tag für Tag in mehreren Großpackungen bekommen. Konzentrieren wir uns also darauf, wie wir den Kids helfen können. Damit verschaffen wir uns auch selbst die Grundlage dafür, dass wir diese Phase mit wenig Schaden und sogar großem Gewinn erleben.

Ihr Teenager *muss* jetzt seine eigenen Erfahrungen machen, und auch Sie *müssen* sich von ihm oder ihr lösen. Wolfgang Bergmann, Leiter des Instituts für Kinderpsychologie und Lerntherapie in Hannover, selbst auch Vater von drei Kindern, rät Eltern, ihren Jugendlichen in dieser Phase mit distanzierter Nähe zu begegnen. Dem Kind nahe und für wichtige Probleme ansprechbar bleiben und sich gleichzeitig aus der Bindung zu lösen und zu distanzieren. Die Quadratur des Kreises! Doch die Distanz hilft nicht nur, um die anstehende Ablösung zu ermöglichen, sondern auch, dass Eltern nicht emotional jede Kurve der Pubertätswirren so mitfahren, als wäre es Ihr eigener Liebeskummer oder Ihre eigene Versetzung, die gefährdet ist.

Wolfgang Bergmann gibt ein gutes Beispiel, wie eine solche freundlich-entspannte Zurückhaltung in dieser Lebensphase aussehen kann:

Indem man beispielsweise denkt:»Das ist nun einmal so, lässt sich nicht ändern und geht mit derselben Naturwüchsigkeit, wie es gekommen ist, wieder vorbei.«[5]

Und gerade in Sachen Zukunftsplanung und Schule kann uns Eltern das ganz schön schwerfallen. Aber ob wir es mögen oder nicht, bleibt uns nichts anderes, als zu akzeptieren, dass die Jugendlichen jetzt ihre eigenen Wege ins Leben gehen und dabei auch ihre eigenen Niederlagen und Höhenflüge brauchen. Sie wollen keine aufgezwungenen Hilfen und auch nicht, dass jemand ihren Willen bricht. Und in punkto Schule ist jetzt angesagt, dass Sie sich viel stärker heraushalten. Auch auf die Gefahr, dass Ihr Kind Misserfolge in der Schule erleiden wird.

»Ein gut gelaunter Vater ist sehr viel wichtiger für sein Kind als ein sorgenvoll vergrämter – als einer, der sich vor jedem Mathetest von der Prüfungsangst des Kindes anstecken lässt, stundenlang mit ihm lernt, dessen miese Stimmung gekränkt zur Kenntnis nimmt und sich schließlich nach ein, zwei Stunden Lernerei in einer fruchtlosen Auseinandersetzung mit dem Kind verstrickt. Das Sich-Heraushalten birgt natürlich Risiken. Das ist gar nicht anders möglich. Es könnte zum Beispiel sein, dass ein pubertierender 14-Jähriger viel zu spät um Hilfe nachsucht,

wenn etwa die schulische Situation schon derart festgefahren ist, dass eine einzige Fünf das endgültige Aus bedeutet. Dann heißt es, nicht besserwisserisch zu sein, aber auch nicht ängstlich. Bedeutet eine weitere Fünf in Mathematik, dass der Sohn eine Klasse wiederholen muss, dann ist das eben so. Es ist seine Fünf, er wiederholt die Klasse, er muss damit fertig werden.«[5]

7 Spezial-Tipps zur Schulbegleitung von Pubertierenden

1. Warten Sie geduldig ab, bis Ihr Kind Sie um Hilfe bittet, auch wenn es in der Schule gerade so richtig schiefgeht.
2. Hausaufgaben und Schulranzen gehören Ihrem Kind jetzt ganz und gar!
3. Glauben Sie trotz einer miserablen Mappenführung daran, dass Ihr Kind eine echte Chance hat, ein glücklicher Mensch zu werden.
4. Bestehen Sie auf Einhaltung einiger weniger wichtiger Regeln des Zusammenlebens. Auch gegen augenscheinliches Genervtsein oder Desinteresse zeigen Sie Ihrem Kind dadurch, dass es Ihnen wichtig bleibt.
5. Privatsphäre ist wichtig für Ihr Kind. Respektieren Sie die Wünsche nach Rückzug, Für-sich-sein-Wollen und Nicht-alles-erzählen-Wollen.
6. Nehmen Sie Ihrem Kind nicht alles ab, weil es gerade unsicher oder unglücklich wirkt. Jugendliche wollen nicht geschont werden, sondern brauchen Herausforderung und Verantwortung für eigene Aufgaben.
7. Besinnen Sie sich auf die Dinge, die Ihnen Spaß machen. Dadurch bleiben Sie für Ihr Kind interessanter, als wenn Sie ewig kontrollieren und Vorschriften machen wollen.

10. Gute Schulreise mit klarem Ziel

*Was will eigentlich Ihr Kind, was wollen Sie?
Und: Auch Elternarbeit in der Schule kann
Schule schön machen.*

Es ist August: Einschulungszeit. In der regionalen Zeitung finde ich mehrere Doppelseiten mit Grüßen zum Schulanfang. Durchweg wird den Kindern Spaß beim Lernen und Glück für die Schulzeit gewünscht, und in einigen wenigen Fällen auch Erfolg. Wann ist denn eine Schulzeit erfolgreich? Wenn das Kind schließlich ein Abiturzeugnis in den Händen hält, mit einem Schnitt besser als 2?

Hat ein Kind das »Klassenziel nicht erreicht«, waren die Noten nicht gut genug, um in die nächste Klassenstufe versetzt zu werden. Geht es also darum, gute Noten zu haben, um eine gute Schülerin zu sein?

Ist ein guter Schüler einer, der brav alle Anforderungen erfüllt? Und wessen Anforderungen eigentlich? Seine eigenen, die der Eltern, die der Lehrerinnen und Lehrer oder die der Gesellschaft?

Sind Gymnasiasten bessere Menschen? Ist unsere Haltung einem anderen Menschen gegenüber noch immer hochmütig dadurch bestimmt, was er für eine gesellschaftliche Stellung hat, welchen Beruf er ausübt und auf welche Schule er geht?

Test: Welche Ziele sind Ihnen für die Schulzeit Ihres Kindes wichtig?

Die Schulzeit meines Kindes betrachte ich als gelungen, wenn mein Kind:

✿ möglichst viele 1sen hat
✿ die Neugier auf sich selbst behält
✿ in allen Fächern mindestens eine 2 hat
✿ eine gute Allgemeinbildung erhält
✿ in den meisten Fächern mindestens eine 3 hat
✿ für das Leben gelernt hat
✿ sich als Schülerin/Schüler mit selbst bestimmten Interessen und Fragen eingebracht hat
✿ ein zufriedener Mensch wird
✿ sich zu einem sozial verantwortlichen Menschen entwickelt
✿ keine 5en auf dem Zeugnis hat
✿ gelernt hat, Probleme zu durchdenken und zu lösen
✿ das Lernen gelernt hat
✿ sich nicht so schnell von Problemen ins Bockshorn jagen lässt
✿ sich selbst mit seinen Stärken und Fehlern gern hat
✿ sozial gut eingebunden ist, gute Freunde hat
✿ ein selbstbewusster Mensch ist
✿ auch mit schwierigen Situationen umgehen kann
✿ sich freut, ein verantwortungsvoller Teil der Gesellschaft zu werden, erwachsen zu werden
✿ Weitere Ziele von Schule, die Ihnen am Herzen liegen:
✿ …
✿ …
✿ …

Finden Sie aus der Liste nun schrittweise die Ziele heraus, die Ihnen am wichtigsten sind:
Streichen Sie die Hälfte der aufgeführten Ziele.
Lesen Sie die verbliebenen Ziele noch einmal und fühlen Sie sich wieder neu ein. Streichen Sie dann wiederum die Hälfte: Schon sind Sie bei Ihren wichtigsten fünf Zielen.
Nehmen Sie aus diesen fünf Zielen noch einmal zwei Ziele heraus. Bringen Sie schließlich Ihre drei wichtigsten Ziele in eine Rangfolge von 1., 2. und 3. Priorität.

Nun haben Sie ein einfaches Hilfsmittel, wenn Sie Entscheidungen hinsichtlich Schule treffen müssen oder auch nur entscheiden wollen, ob Sie sich über ein Ereignis ärgern oder nicht ärgern wollen. Vielleicht möchten Sie sich diese Prioritätenliste mit Ihren drei Schulzielen an einen Ort hängen, von dem aus sie jeden Tag mindestens einmal in Erinnerung gerufen wird?

Schlechte Noten für die Noten

Natürlich brauchen Schülerinnen und Schüler eine Rückmeldung darüber, wie das, was sie tun und womit sie sich beschäftigen und wofür sie sich anstrengen, von ihren Mitschülerinnen und Lehrern bewertet wird. Jeder möchte mit dem, was er tut, wahrgenommen werden. Das derzeit noch festgelegte System an unseren Regelschulen ist die Ziffernnoten-Beurteilung. Ausnahmen bilden die Grundschulen vieler unserer Bundesländer, in denen in den ersten zwei Jahren eine Benotung per Ziffern meist noch nicht stattfindet. Auch an verschiedenen privaten Schulen und anderen Schulmodellen als der Regelschule wird auf diese

137

Form der Beurteilung verzichtet. In manchen Fällen gibt es sogar bis zur 9. Klasse keine Noten, sondern differenzierte schriftliche Lern-Entwicklungsberichte.

Ziffernnoten täuschen eine Objektivität und Genauigkeit vor, die eine solche Bewertung niemals haben kann:»Ziffernnoten kann man zusammenzählen, man kann (und das geschieht in Deutschland) ›Durchschnittsnoten‹ errechnen, die dann auf eine Dezimalstelle hinter dem Komma auf- oder abgerundet werden. Das wirkt wie exakte Mathematik und ist doch ein absurdes Verfahren, weil es so tut, als sei der Abstand zwischen einer ›Zwei‹ und einer ›Drei‹ ebenso groß wie der zwischen einer ›Vier‹ und einer ›Fünf‹ (…) Die mathematische Form suggeriert, es handele sich um exakte Messergebnisse, so als habe jemand von einem sehr genauen Thermometer während einiger Monate täglich fünfmal die Temperatur abgelesen und in eine Tabelle eingetragen. Jeder auch nur einigermaßen selbstkritische Lehrer weiß (und umfangreiche wissenschaftliche Untersuchungen haben das in den letzten fünf Jahrzehnten immer wieder bestätigt), dass diese Exaktheit eine Fiktion ist.«[2]

Nach dieser Feststellung beschreibt Enja Riegel in ihrem Buch *Schule kann gelingen*, dass dennoch selbst in der Wiesbadener Reformschule heftig gerungen und kontrovers debattiert wurde,

Notenkosmetik

»Mehr als eine Milliarde Euro jährlich geben Deutschlands Eltern für Nachhilfe aus – vor allem ein Mittelschichtphänomen. Denn eine neue Studie zeigt, dass eher gute Schüler für eine Eins als schlechte Schüler gegen die Fünf pauken. Heute ist das privat organisierte Nachsitzen eher Ergänzungsunterricht für die Notenkosmetik: Mehr als ein Drittel aller Nachhilfeschüler hat Noten von Drei und besser, zeigt ein Gutachten des Forschungsinstituts für Bildung- und Sozialökonomie (FIBS) in Berlin.«[1]

ob es positiv sein könnte, wenn sie auf die Noten verzichten würden. Es gab viele kritische Stimmen gegen die Abschaffung der Noten; man hatte Angst, Schülerinnen und Schüler würden dann nichts mehr tun. Letztlich haben sich Schulleiterin und Kollegium aber auf den Versuch mit einer anderen, mehr die Reflektion der Schülerinnen und Schüler ansprechenden Form der Beurteilung eingelassen. Die Angst, dass Kinder nichts mehr tun, wenn sie keine klaren Noten für ihre Leistung erhalten, hat sich als komplett unbegründet erwiesen.

In der Wiesbadener Reformschule finden neben dem etwa eineinhalb Seiten umfassenden Lernentwicklungsbericht bis zur 9. Klasse halbjährlich Reflektionsgespräche mit den Schülerinnen und Schülern statt. Jedes Kind stellt eine Mappe mit seinen besten Arbeiten, Bildern oder Berichten des Halbjahres zusammen: die Leistungen, auf die es besonders stolz ist und die ihm selbst als gelungen erscheinen. Diese Mappe und der Stolz auf die Bereiche, in denen das Kind seine Ziele für sich selbst erreicht sieht, sind die positive Grundlage und der Startpunkt für das Reflektionsgespräch mit dem Kind. Gemeinsam mit den Eltern und der Lehrerin geht es der Frage nach, was ihm selbst gut gelingt, wo es zufrieden ist. Und es bekommt Rückmeldung dazu, wo die Lehrerin oder die Eltern ihm zutrauen, Schwierigkeiten und Schwächen zu überwinden. Die Erfahrung dort zeigt: Ein Kind, das in dem wahrgenommen wird, was es gut kann, ist viel eher bereit, darüber zu reflektieren, in welchen Bereichen es noch nicht so gut klappt und wo es sich mehr anstrengen sollte.[3]

Auch an normalen Regelschulen erlebe ich, dass mehr und mehr Instrumente eingeführt werden, die den Kindern helfen, zu lernen, seine Ziele beim Lernen eigenständig zu verfolgen, und ihnen auch die Erlaubnis geben, jenseits des festgelegten Lernstoffs zu erkunden, was an dem Unterrichtsthema speziell sie interessiert. So ist es beispielsweise an vielen Schulen üblich, dass Kinder dieses in einigen Fächern durch die eigenständige Arbeit mit individuellen Wochenplänen üben können.

Wenn wir jedoch im Moment noch mit den Ziffernnoten umzugehen haben, dann kann es hilfreich sein, sich ihren Wortlaut noch mal zu Gemüte zu führen: Eine 3 heißt befriedigend, und ausreichend ist eine 4. Also kein Grund, in Panik zu geraten.

Schauen Sie mit Ihrem Kind nach seinen Zielen

Wichtiger als die Noten ist, ob Ihr Kind zufrieden ist mit seiner Leistung. Fühlt es sich gesehen und gerecht beurteilt? Dann bestärken Sie es ruhig! Auch dann, wenn die Note nicht Ihren Wünschen entspricht und es Ihnen daher vielleicht schwerfällt: Halten Sie sich möglichst mit Kommentaren zurück, die Ihrem Kind das Gefühl der Zufriedenheit nehmen.

Was meint eigentlich Ihr Sohn oder Ihre Tochter dazu?

Fragen Sie doch einmal Ihr Kind, wann es Schule als gelungen und gut erlebt. Ich habe mich aus Anlass dieses Buches jetzt aktuell bei meinen und anderen Kindern danach erkundigt: Noch immer bin ich erstaunt darüber, wie viele Antworten ich bekam und was für ein guter Gesprächsauslöser diese Frage sein kann.

Hier einige der Antworten, die mir die jugendlichen Schülerinnen und Schüler gegeben haben:

✿ Wenn ich gelernt habe, was ich lernen wollte.
✿ Wenn man mit sich selbst zufrieden ist.
✿ Wenn die Lehrer einen für Menschen und nicht für Arbeit halten.
✿ Wenn ich die Noten erreicht habe, die ich wollte.
✿ Wenn man realistisches Wunschdenken lernt, also kei-

Und wenn Ihr Kind über seine Note unglücklich und unzufrieden oder enttäuscht ist: Versuchen Sie gemeinsam herauszufinden, womit es sich nicht gut fühlt. Ist es von sich selbst enttäuscht, ist die Anforderung zu hoch? Oder gibt es einen anderen Konflikt, der vielleicht mit dem Lehrer zu tun hat (siehe auch Kapitel »Der Lehrer ist doof?« ab Seite 107)?

Einer Enttäuschung des Kindes begegnen Sie am besten, wenn Sie selber nicht zu festgelegt in Ihrer eigenen Erwartungshaltung sind. Ist es so, dass alle Noten jenseits der 2 Sie nicht zufrieden stellen? Zu einer guten Schulzeit gehört es, dass Ihr Kind sich stimmig mit sich selbst, seinen Leistungen und Zielen fühlt. Und die Kinder erkennen in der Regel recht zutreffend, ob die Note zu ihrer eigenen Einschätzung passt.

Wenn Ihre Tochter oder Ihr Sohn mit einer Note unglücklich ist, sollten Sie sich selbst und Ihrem Kind vor allem deutlich ma-

---

ne 1 überall wollen, aber sich über die Leistung freuen, die man sich realistisch gewünscht hat.

✿ Wenn alle Wünsche erfüllt sind: die nach Freunden, netten Lehrern und den Noten, die man sich zutraut.

✿ Wenn ich die Schule als interessanten Ort mit vielen Menschen sehe und nicht als Ort der Langeweile.

✿ Wenn man sich respektiert und wichtig fühlt als Mensch.

✿ Wenn ich Schule als Herausforderung sehe.

✿ Wenn man die Themen verstanden hat und verbinden oder einordnen kann mit etwas, was man vorher schon kannte.

✿ Wenn mir das Leben dann für kurze Augenblicke nicht sinnlos erscheint.

✿ Wenn ich das Gefühl habe, ein Stück von mir selbst in das Schulleben eingebracht zu haben.

✿ Wenn ich das, was ich lerne, mit dem verbinden kann, was mich interessiert, und ich weiß, dass ich das Gelernte später gebrauchen kann.

chen, dass es sich um ein Ergebnis bei einer Aufgabenerledigung handelt – und keineswegs das ganze Kind bewertet wird! Zudem sind Noten, wie ich oben ausgeführt habe, keine objektive Angelegenheit: Sie werden von unterschiedlichen Lehrerinnen mit unterschiedlicher Erwartung verteilt; so manche Arbeit ist von verschiedenen Lehrern durchaus mit einem Unterschied von mehreren Notensprüngen bewertet worden.

Behalten Sie es gemeinsam mit Ihrem Kind also im Blick: Wichtig für Ihr Kind ist, dass es einen guten Umgang mit seinen Zielen findet. Nach den konkreten Zahlen zu gucken steht dem gegenüber weit hintenan. Meinen Sie, dass Sie sich diese Betrachtungsweise vielleicht ein wenig aneignen können, obwohl um Sie herum sich in erster Linie alles um Noten zu drehen scheint?

Wir schicken nicht nur den Kopf zur Schule, sondern das ganze Kind

Als Gestalttherapeutin schaue ich stets nach dem ganzen Kind: Geist, Körper und Seele haben Stärken und Schwächen, Vorlieben und Abneigungen und stehen in ständiger Wechselwirkung mit der Welt. Mögen sehr gute Zensuren, die ein Kind nach Hause bringt, Eltern und Lehrerinnen auch Anlass zur Freude bieten – sie bedeuten dennoch nicht, dass es diesem Kind besser geht als dem Kind, das sich im Bereich der Durchschnittsnoten bewegt. Es geht eben nicht nur um die Noten. Es geht um das ganze Kind.

Da müssen wir Erwachsene manchmal sehr auf uns selbst aufpassen: Welche Mutter und welcher Vater kennt nicht den Stolz auf das Kind, wenn es mit einer 1 oder 2 nach Hause kommt? Welche Lehrerin kennt es nicht, stolz zu sein, wenn der Klassendurchschnitt der Arbeit besonders gut ausgefallen ist? Betrachten wir die guten Noten nicht auch als Gradmesser für unsere

4 Tipps: So unterstützen Sie Ihr Kind dabei, sich einschätzen zu lernen und eigene Ziele zu setzen:

❀ Erkundigen Sie sich als Erstes nach der Einschätzung Ihrer Tochter oder Ihres Sohnes hinsichtlich einer Aufgabe:»Was meinst du, wie es gelaufen ist?« Geben Sie Ihrem Kind durch Ihre Nachfrage eine Hilfestellung, sich darin zu üben, bei sich selbst nachzuspüren, warum es enttäuscht, wütend oder stolz ist.

❀ Schimpfen Sie nie über schlechte Noten: Sie wissen, dass das gar nichts nützt. Vielleicht hilft es Ihnen, wenn Sie auf den Zettel mit Ihren drei Schulzielen (siehe Seite 136) schauen, um sich von Ihrer eigenen Enttäuschung wegzubringen?

❀ Wenn Ihre Rückmeldung gefragt ist, erreichen Sie durch ein differenziertes Lob am besten, dass Ihr Sohn bzw. Ihre Tochter sich in den eigenen Bemühungen auch mit der Noten-Beurteilung verstanden fühlt. Vielleicht können Sie das Gute in der Herangehensweise des Kindes in den Vordergrund der Betrachtung ziehen, dann kann es auch zukünftig darauf setzen. Beispiel:»Mensch, da hast du am Anfang ja wirklich ausführlich nachgedacht. Und dann wusstest du nicht weiter, und dir ist alles durcheinander geraten, stimmt's? Das war bestimmt ein blöder Moment, oder? Aber du hast trotzdem nicht aufgegeben. Klasse, dass du dich nicht so schnell entmutigen lässt!«

❀ Vermeiden Sie den Negativ-Vergleich mit anderen – nach dem Motto:»Die Sarah ist so fleißig und schreibt immer 1sen, und du bist einfach zu faul, siehst du – da kann ja nichts bei herauskommen, wenn du dauernd träumst.« Besser ist es, das Kind danach zu fragen, was es selbst für realistische Ziele hat, mit denen es zufrieden sein kann.

Gute Idee: Am letzten Schultag gibt es *keine* Zeugnisse

Der letzte Schultag vor den Sommerferien ist stets ein Mittwoch: Zeugnisse und dann ENDLICH FERIEN!

Dieses Ritual hat allerdings einige Haken: Ist das Zeugnis nicht so ausgefallen, dass Kind und Eltern zufrieden sind, überschattet es oft die erste Ferien- und Urlaubsfreude. Oder das Zeugnis mit unangenehmeren Inhalten landet zugunsten der Urlaubsvorbereitung und -stimmung schnellstens im Regal. Ebenso erhalten Ergebnisse, auf die das Kind stolz oder mit denen es zufrieden ist, an diesem Tag oft eine viel zu kurze Würdigung. Wie kann dafür auch genügend Zeit bleiben, wenn das Auto gepackt werden muss oder Ihr Kind sich auf die Reise zur Oma vorbereitet oder auch erst einmal gar nichts mehr zum Thema Schule hören oder sagen möchte?

Kürzlich berichtete mir eine Frau über eine gute Idee, die die Lehrerin in der Grundschule ihrer kleinen Tochter hatte: Sie trennte kurzerhand den letzten Schulmittwoch, den Ferienstarttag, vom Zeugnisausgabetag. Diese findige Lehrerin teilt die Zeugnisse in aller Ruhe, mit Würdigung und Gesprächsmöglichkeit, bereits am Freitag vor dem Sommerferienbeginn aus. So wird der letzte Schultag, die Freude über den Ferienbeginn, bei niemandem durch Noten oder schlechte Stimmung wegen der Noten getrübt. Und die Eltern können sich in Ruhe, mit Zeit, entspannt und gemeinsam mit dem Kind am Wochenende vorher damit befassen. Frust, der raus will, aber auch Stolz und Freude kann Raum gegeben werden. Das Schuljahr wird bewusst abgeschlossen. Alle können sich auf den Ferienstart freuen.

gute Arbeit? Sicher sind sie das in bestimmtem Maße auch, aber ganz bestimmt nicht die alleinigen.

Kinder erwarten von Schule eine Menge mehr als nur umfassenden und erfolgreichen Wissenserwerb: Sie möchten in der Schule Freunde finden und sind neugierig auf die Dinge, die ihnen helfen, sich selbst und die Welt zu verstehen. Kinder streben danach, erwachsen zu werden und sich zu einem wertvollen Teil der Gesellschaft zu entwickeln. Kinder wollen lernen, sich mit sich und der Welt so auseinanderzusetzen, dass sie sich wohlfühlen und sich in ihren Möglichkeiten entwickeln können. Sie wollen mehr und mehr Verantwortung für sich selbst und für eine kreative Lebensgestaltung übernehmen.

Ihr Kind ist dafür mit guten eigenen Fähigkeiten ausgestattet. Die Möglichkeiten, die Sie, die Schule und die Welt ihm eröffnen, kann es als Lerngelegenheiten begreifen und ergreifen. Und das wird es stets als ganzer Mensch tun – mit Körper, Geist und Seele!

Elternarbeit:
Was Schule auch schön machen kann

Unsere Schulen sind Baustellen, an denen sich vieles wandelt und noch wandeln sollte. Sie als Eltern geben Ihrem Kind konkrete gute Unterstützung durch Ihre Liebe, Achtung und Wertschätzung. Sie ermutigen Ihre Tochter oder Ihren Sohn in kritischen Momenten und helfen ihr oder ihm, die eigenen Ziele zu erreichen, sich zu neuen Zielen aufzumachen und zu sich selber zu finden.

Neben dieser allerwichtigsten Unterstützung für Ihr Kind können Sie auch den Raum Schule mitgestalten. Wenn Sie die Zeit und Energie haben, sich vertrauensvoll einzubringen, wird dies helfen, die Schule positiv zu gestalten. Manchmal kommt vielleicht von den Schulen nicht oder nicht deutlich genug herüber, dass wir Eltern dort erwünscht sind. Ich habe erlebt, dass Elternarbeit Spaß machen kann, und möchte ermuntern, die spannende Baustelle Schule mitzugestalten.

Gute Vorzeichen für die Elternarbeit

Viele Eltern engagieren sich in den Schulgremien. Ich habe das auch getan und sehr unterschiedlich erlebt. Manchmal hat es unglaublich Freude gemacht, mitzuwirken, etwas Gutes auf den Weg zu bringen, und rückblickend war es umso schöner, je mehr ebenfalls positiv wollende Menschen um mich waren. Und manchmal war und ist es schwer, gegen unveränderbar scheinende Schulgesetze anzukämpfen und dabei den positiven Sinn zu behalten, obwohl Schule sich nicht so schnell verändert, wie es wünschenswert wäre.

Dieses Buch handelt vorrangig davon, was Eltern jetzt sofort zu Hause zum Guten bewegen können. Das Engagement in den Schulgremien ist etwas anderes, doch können Sie dort ebenfalls viel für eine gute Schule und für Ihre Kinder erreichen. Sehen Sie bei diesem Engagement jedoch gut nach Ihren gesunden Möglichkeiten. Wenn Ihr Einsatz für Sie unfruchtbar wird, suchen Sie sich auch auf der Erwachsenenebene lieber Verbündete, die sich auch mit positivem Blick engagieren wollen. Meiner Erfahrung nach greift sonst schnell Frust oder Verbitterung um sich und das schafft neuen Frust, wenn viele Menschen viel wertvolle Zeit eingesetzt haben und nichts dabei herauskommt. Elternstammtische, bei denen ausführlich und hitzig die Probleme mit einer Lehrerin und deren Haltung diskutiert werden, ohne dass es Konsequenzen im Handeln hat, sollten wir uns besser ersparen. Bei solchen Veranstaltungen taucht oft das Phänomen auf, dass zwar schon alles gesagt ist, aber noch nicht von jedem. Das facht oft Profilierungskämpfe an, und scheinbar jede und jeder nutzt dann gerne so ein Treffen als Ventil, eigenen Frust herauszulassen. Und so wird über längere Zeit auf dem Problem herumgekaut, ohne dass lösungsorientierte Beiträge geäußert werden oder ihnen noch Gehör geschenkt wird. Bei der vielen Zeit, die viele Eltern sich einsetzen, wäre deshalb mein Wunsch, dass auch in diesen Gremien alle Beteiligten sich mit weniger Misstrauen und einem beharrlichen Streben für ein konstruktives Miteinander und – trotz allem – möglichst gut gestimmt begegneten.

Elternarbeit in der Schule: Was Sie tun können

Haben Sie Zeit und Energie, sich zusätzlich für die Belange der Kinder und der Schule einzusetzen, dann können Sie zwischen verschiedenen Möglichkeiten wählen:

✿ Sich für die **Elternvertretung** in der eigenen Klasse, der eigenen Schule, auf Landes- und Bundesebene zur Wahl stellen und von da aus in den verschiedenen Gremien arbeiten.

✿ In Niedersachsen sind – wie in anderen Bundesländern auch – die Schulen inzwischen **eigenverantwortliche Schulen** geworden; in diesem Zusammenhang gibt es das neue Gremium des **Schulvorstandes**, in dem Schülerinnen, Schüler und Eltern mit der Hälfte der Stimmen mehr Einfluss in der Gesamtkonferenz haben.

✿ **Beitritt in den Schul-Förderverein:** So einen Elternverein gibt es an fast jeder Schule; in der Regel steht jedem Interessierten der Beitritt und die Mitarbeit gerne offen. Dieser Verein bietet neben der Elternvertretung oft einen weiteren, größeren Rahmen, in dem Eltern sich zusammenschließen und überlegen, was sie Positives für die Schule beitragen können. Meistens geht es hier um zwei Schwerpunkte: erstens um Veranstaltungen und Referate zu schulspezifischen Themen oder die Elternteilnahme an kommunalen Ereignissen bezüglich Schule; zweitens um die Organisation Geld einbringender Veranstaltungen (Cafeteria, Sponsorenlauf etc.), um mit finanziellen Mitteln unbürokratisch und schnell kleine und größere Hilfen und Verbesserungen an der Schule selber gestalten zu können (beispielsweise Zuschüsse zu Veranstaltungen und Klassenreisen, Musikinstrumente, Bücher, Pausenspielgeräte).

✿ **Elternstammtische:** Beim lockeren informellen Austausch und Kontakt sind schon viele gute Elternideen entstanden. Für Menschen, die sich nicht fest in Gremien, sondern lieber punktuell, projektbezogen engagieren wollen, kann dies der geeignete Rahmen sein.

11. Vollzeitjob oder Freizeitstress?

Wie viel Schule und wie viel FREIzeit braucht Ihr Kind? Wie viel hat es? Und was können Sie tun?

In 80 Tagen um die Welt? Jules Verne hätte seine Freude daran gehabt: denn zwölf Wochen Ferien pro Jahr heißt zusammengerechnet, dass die Zeit ausreichen müsste, jedes Jahr einmal um die Welt zu reisen.

Doch haben unsere Kinder tatsächlich genug Freizeit? Oder müssen sie zu viel Zeit für die Schule aufbringen? Wie sieht das bei Ihrer Tochter oder Ihrem Sohn tatsächlich aus?

Gerade in den letzten zwei Wochen vor den Ferien, wenn sich in der Schule die letzten Arbeiten, die noch zu schreiben sind, in die wenigen verbleibenden Tage drängeln, Kinder und Erwachsene erschöpft und ferienreif sind, auch die vielen Feste und Freizeittermine noch vor den Ferien mitgenommen werden wollen, dann ist die gefühlte Gradzahl der allgemeinen Überlastung stets sehr hoch. Und wenn bei Kindern und Eltern die dritte Weihnachtsfeier vor den Weihnachtsferien nur noch ein müdes Stöhnen angesichts des »abzuarbeitenden« Termins hervorlockt, dann ist es deutlich Zeit, Termine abzuspecken. Dann ist:

Zeit für die Pause!

Kinder brauchen unverplante Zeiten, in denen sie die Beine und Seele baumeln lassen dürfen und spontanen Impulsen folgen können; sie brauchen für eine gesunde Entwicklung ab und zu auch die Langeweile. Daraus entstehen Ideen und neue Einfälle. Wenn ein Kind jammernd kommt mit »Mama, ich weiß nicht, was ich machen soll, mir ist sooo langweilig«, dann ist das in der Regel kein Grund, sich Sorgen zu machen. Sehr aufmerksam müssen wir Eltern dagegen werden, wenn unsere Kinder von oben bis unten zugeplant sind, vielleicht etwas blass um die Nase werden oder aber anders zeigen, dass es ihnen nicht gut geht.

Wir brauchen beides: Spannung und Entspannung, Arbeit und Pause, Aktionen und Ruhe. Und Kinder, je kleiner sie sind, brauchen viel Zeit zum Spielen, weil sie dadurch die Welt begreifen und ihre Fragen und Themen, die sie beschäftigen, im Spiel bearbeiten. Das teilen sie noch nicht in Arbeit und Pause ein.

Mit dem Eintritt in die Schule ist der Wechsel zwischen Arbeit und Pause plötzlich nicht mehr so an den Bedürfnissen der Kinder und der Familie orientiert. Dann wird es sehr wichtig, dass Ihre Tochter oder Ihr Sohn nicht nur lernt, ihre bzw. seine Aufgaben im Blick zu haben und zu erledigen. Ebenso sollte Ihr Kind sein Gespür für seine Bedürfnisse nach Entspannung und Erholung entwickeln. Denn dann wird es eines Tages in der Lage sein – ebenso wie es Ihnen guttut –, sich trotz und gerade bei viel Arbeit etwas Gutes zu tun und zu merken: Es ist Zeit für eine Pause!

Wir können Kinder dabei unterstützen, dies zu erlernen. Bei gefühlter Überlastung ist es hilfreich, sich eine klare Übersicht zu verschaffen, damit man weiß, was wo zu viel ist und an welchen Stellen es gut ist, für ein gesundes Maß an Pause und Arbeit etwas zu verändern. Eine solche Übersicht erhalten Sie durch ein Zeit-Pause-Protokoll (siehe Kasten rechts).

Zeit, auf die Zeit zu schauen: Das einfache Zeit-Pause-Protokoll

Für Klein und Groß, für alle, die ihre Zeit in den Griff bekommen wollen, statt sich im harschen Griff der Zeit zu quälen, ist ein Zeit-Pause-Protokoll ein gutes Hilfsmittel: Führen Sie einmal zwei Wochen lang ein Protokoll über die tatsächlichen Arbeits- und Pausenzeiten. Bei kleineren Kindern können Sie das für Ihre Tochter oder Ihren Sohn tun; bei größeren Kindern ist es sinnvoller, dass Ihr Kind selbst oder mit Ihrer Unterstützung Protokoll führt.

Damit bekommen Sie den Überblick, wie viel Zeit Ihr Sohn oder Ihre Tochter tatsächlich mit Schule/Arbeit verbringt und wie viel freie Zeit er oder sie hat.

Halten Sie das Protokoll möglichst einfach: Sie bzw. Ihr Kind möchten nur einen Überblick gewinnen. Wenn Sie das zu detailliert angehen, halten das weder Sie noch Ihre Tochter oder Ihr Sohn zwei Wochen durch.

Also nicht:
14.30 bis 14.40 Mathe-Rechenzettel erledigt
14.40 bis 14.50 Aufgaben im Mathebuch gelöst
14.50 bis 14.55 Ranzen gepackt
14.55 bis 15.10 Geburtstagsgeschenk eingepackt
15.10 bis 15.15 Telefon mit Elke wegen Fahrt zum
       Geburtstag
15.15 bis 15.30 umziehen, Fahrt zu Elke
15.35 bis 18.25 Geburtstag bei Elke
18.25 bis 18.30 Rückfahrt nach Hause
18.30 bis 18.45 Vokabeln wiederholt …

Sondern:
14.30 bis 15.00 Mathe-Hausaufgaben
15.00 bis 18.30 Geburtstag bei Elke
18.30 bis 18.45 Vokabeln wiederholt …

Gut leben – auch mit G8

Mit bewusstem Blick auf die Zeit und selbstbewusster Zeiteinteilung kommen Sie mit Ihrem Kind vielleicht auch ein wenig dem Dilemma bei, in das viele Kinder durch G8 gestürzt wurden: G8 bedeutet acht Jahre Gymnasium nach der Grundschulzeit statt zuvor neun. In 14 Bundesländern wurde dies bereits eingeführt, in zwei steht die Änderung noch aus. Das Problem daran ist nicht die Verkürzung der Schulzeit; in den meisten Ländern sind zwölf Jahre bis zum Abitur üblich. Doch bei uns wurde

Überlebensstrategien bei zu großer Belastung Ihres Kindes durch G8

❀ Wenn die Ziele, die G8 derzeit für Ihr Kind vorsieht, gerade nicht die sind, die den Ihrigen entsprechen und Ihrem Kind guttun – welche Ziele sind es dann? Setzen Sie selbstbewusst eigene Ziele: Vielleicht besprechen Sie mit Ihrem Kind beispielsweise, dass Sie in dem einen oder/und anderen Fach bewusst eine schlechtere Note in Kauf nehmen, um dafür auf zwei Stunden Zusatzlernen oder Nachhilfe pro Woche verzichten zu können.

❀ Wenn es gar zu schlimm wird, dann machen Sie sich Folgendes einmal klar – und sei es nur als Gedankenspiel für den Fall, dass »das Schlimmste« eintreten sollte: Wenn ein G8-Kind eine Zusatzrunde dreht, also ein Jahr wiederholt, macht es das Abitur nach neun Jahren – so, wie es bis vor kurzem alle machten. Das ist ja wohl gar nicht schlimm, oder? Ich habe schon von Familien gehört, die zugunsten einer etwas weniger belasteten Gymnasiumszeit solch ein Wiederholen eines Jahres geradezu einplanen, lange bevor es notwendig ist.

jetzt im Eilverfahren die Schulzeit verkürzt. Viele Aspekte wurden nicht in Ruhe durchdacht, man hat in dieser Blitzreform nicht parallel mit den Inhalten der Lehrpläne aufgeräumt, sondern die gleichen Inhalte einfach in weniger Zeit gestopft.

Eine 11-Jährige, die 35–39 Schulstunden zu absolvieren hat, nebst Nach- und Vorbereitung, Hausaufgaben, Nachhilfe, Lernen für die Arbeit und die Schulwege, hat zu wenig Freizeit.

Keine Frage: Das ist für Lernen und Wachsen nicht gut, und bis unsere Spezialisten für Schulgestaltung dies geändert haben, stellt sich uns Eltern die große Herausforderung, damit umzugehen.

❀ Eine andere Variante, für die sich eine befreundete Familie entschieden hat, ist diese: Sonja, 10. Klasse, hatte zwar immer gerade die notwendigen Noten für die Versetzung geschafft, aber sie fürchtete, obwohl sie wirklich ackerte, demnächst sitzenzubleiben oder jedenfalls ein zu schlechtes Abitur für Studienchancen zu machen. Der Ausweg: Sonja geht – über die Vermittlung einer Organisation – für ein Jahr ins Ausland, erst ein halbes Jahr England, dann Frankreich: Da sie dort normal die Schulen besucht, ist sichergestellt, dass sie sich täglich in der Landessprache bewegt. Wenn Sonja zurück ist, wird sie in diesen beiden Hauptfächern keine Schwierigkeiten mehr haben und braucht nur noch dafür zu sorgen, dass sie Mathe irgendwie überlebt. Solch ein Ausweg ist wahrscheinlich nicht allen offen, denn etwas finanzielles Zusatzengagement der Eltern ist hierfür nötig. Doch mit diesem Beispiel möchte ich anregen, auch über ungewöhnliche Wege nachzudenken.

❀ Auch eine Möglichkeit: Anmeldung an einer Gesamtschule. Dort haben Kinder auch weiterhin 13 Jahre Zeit bis zum Abitur. Manchmal braucht es Losglück, um dort einen Platz zu bekommen.

Ich empfehle zunächst auch hier, über die realen Arbeitszeiten Ihres Kindes Protokoll zu führen. Mit klarer Dokumentation ist besser umzugehen als mit einer »gefühlten Tatsache«. Ja, und was dann, wenn es denn so ist, dass die Schule tatsächlich zu viel Zeit im Leben Ihres Kindes einnimmt und Ihr Kind darunter leidet? Anhand des Protokolls können Sie selbstbewusst und gezielt die Entscheidungen treffen, die gut für Ihr Kind sind. Welche, wollen Sie jetzt natürlich wissen:

Ehrlich gesagt wünschte ich mir an dieser Stelle auch zehn Tipps, die diesen momentan problematischen Teilbereich von Schule einfach mal schnell lösen. Solche Tipps habe ich leider nicht. Aber ich habe ein paar Anregungen (siehe Kasten auf Seite 152/153), die unterstützend sein können. Wenn Sie dem Dilemma zwischenzeitlich mit Ihren kreativen Ideen begegnen wollen, dann bedenken Sie: Unsere Experten in der Schulpolitik haben es sich geleistet, ganzen Jahrgängen von Schülerinnen und Schülern etwas unbestreitbar Falsches aufzuerlegen, etwas, das sicher nicht das Beste für ihr Lernen und Wachsen ist. So falsch können Sie gar nicht liegen, mit dem, was Sie und Ihr Kind sich nun einfallen lassen, um trotzdem gut damit leben zu können.

Wie viel Hobby tut eigentlich gut?

Die meisten Eltern finden den Drill, der zum Beispiel mit manchen kleinen Kindern betrieben wird, damit sie einmal ein Sportstar werden, nicht gut. Denn diese Bestrebungen sind oft zu sehr auf die Sehnsüchte und Wünsche der Eltern zurückzuführen als auf die natürlichen Bedürfnisse des Kindes. Doch Achtung, auch dann, wenn wir uns in normalen Gefilden, jenseits von Star-Ehrgeiz bewegen: Sie müssen Ihrem Kind zur Seite stehen, damit ein Hobby guttut.

Jedes Kind hat unterschiedliche Bedürfnisse: Einem reicht eine Gitarrenstunde in der Woche, und einer anderen tut es gut, wenn sie neben der Schule an jedem Tag ein Sportangebot in Anspruch nehmen kann.

Das Kunststück, die richtige Balance zwischen Aktivität und Pause zu wahren, ist etwas, das große und kleine Menschen sowohl beim Hobby als auch bei der Arbeit immer durch das Leben

Hobby-Tipps: Über Wahl, Wechsel und Wahnsinn

❀ Die Wahl des Hobbys muss Ihr Kind wirklich selber treffen dürfen: Es ist ja ein Hobby.

❀ Vielfältige Anregungen geben, verschiedene Möglichkeiten bieten ist wunderbar: Wer noch nie in einem Schwimmbad war, entwickelt wahrscheinlich keine Lust darauf, schwimmen zu lernen.

❀ Als Faustregel sind sicher ein Sport- und ein Musikangebot gut, wenn das Kind neugierig darauf ist.

❀ Es ist kein Grund zur Sorge, wenn Ihr Kind noch nicht das Richtige gefunden hat und noch auf der Suche ist, was seinen Bedürfnissen und Fähigkeiten entspricht. Wenn es einmal mit Fußball oder Tischtennis begonnen hat, muss das nicht unweigerlich zehn Jahre durchgezogen werden.

❀ Andererseits möchten sie sicher nicht, dass sich alle drei Wochen das nachmittägliche Programm ändert oder das Kind sich anders entscheidet, gerade nachdem Sie den Vereinsbeitritt nach Ablauf der 4wöchigen Probezeit unterschrieben haben, und Sie umsonst Beiträge für ein Jahr bezahlen, ohne dass Ihr Kind da weiter hingehen möchte. Auch jeden Tag als Terminmanagerin und als Taxichauffeurin tätig zu sein wird sicher nicht der Traum Ihres Lebens sein, oder? Auch *Sie* dürfen nach *Ihrem* gesunden Maß gucken.

begleiten wird. Wenn wir unseren ganz eigenen guten Maßstab dafür entwickeln und unsere Bedürfnisse erforschen und kennen, haben wir eine gute Grundlage, gesund zu bleiben.

12. Sie können das!

Im zwölften Kapitel gibt es einen kleinen PISA-Test für Eltern. Sie können Ihre Gedanken zum eigenen Eltern-Selbstvertrauen schweifen lassen. Es geht um die Angst, etwas falsch zu machen, und um die Verwechslungsgefahr zwischen Eltern-Selbstbewusstsein und Perfektionismus.

Ihr Kind braucht Ihr Vertrauen, damit es Schule gut erleben und im besten Sinn erfolgreich sein kann. Mit Ihrem »Du kannst das!« machen Sie Ihr Kind stark, fördern sein Selbstvertrauen und ermöglichen ihm gutes Wachsen (siehe Kapitel 3, Seite 35).

Aber apropos Selbstvertrauen: Wie sieht es denn damit bei Ihnen aus? Viel Schulstress entsteht auch, weil Eltern Angst haben, etwas falsch zu machen oder ihren Kindern nicht genug bieten zu können. Wir brauchen eine gute Portion Selbstvertrauen und Selbstbewusstsein für unser Elternsein – und das, während im Rahmen der öffentlichen Schuldiskussion oft auch den Eltern der Schwarze Peter zugeschoben wird: Wären die Eltern besser, würden die Schüler besser bei PISA abschneiden.

Sie werden es aus Ihren zahlreichen Erziehungs- und Beziehungs-Erfahrungen mit Ihrem Kind kennen, dass Ihr Selbstbewusstsein als Mutter oder Vater sich auch verändern kann. Es ist durchaus nicht von PISA, sondern vor allem dadurch bestimmt, wie gut und sicher Sie sich selber hinsichtlich der jeweiligen Situation oder des zu verhandelnden Verhaltens fühlen. Sie werden sich sicher sein, dass Sie Ihren Sohn nicht ausprobieren lassen, wie es ist, vor ein Auto zu laufen, oder wie es sich anfühlt, wenn alle Zähne anfangen zu faulen, weil Ihr Kind sich nie die Zähne putzen mag. Doch wenn Sie über Ausgehzeiten Ihrer jugendlichen Tochter oder das Kleidungs-Budget verhandeln müssen, kann Sie die Selbstsicherheit bestimmt schnell einmal verlassen, nicht wahr?

Kleiner PISA-Test für Eltern: Wie schlecht sind unsere Kinder eigentlich?

Jeder weiß um die PISA-Katastrophe, jeder weiß, wie unsere Kinder in den Tests abgeschlossen haben. Sie auch? Beantworten Sie bitte diese Frage:

Wie schnitten die 15-Jährigen beim PISA-Test 2006 in den Naturwissenschaften ab?
Bei 57 teilnehmenden Staaten lag Deutschland

- unter den ersten 5
- unter den ersten 10
- unter den ersten 15
- unter den ersten 20
- zwischen dem 20. und 25. Platz
- zwischen dem 25. und 30. Platz
- zwischen dem 30. und 35. Platz
- noch schlechter.

Die richtige Antwort lesen Sie bitte auf Seite 160 unten nach.

Die Angst, etwas falsch zu machen

Genauso wie die Kinder haben auch wir Eltern eine innere Stimme, die uns sagt, was richtig und falsch ist. Als Eltern haben wir ständig Entscheidungen zu treffen. Dabei geht es manchmal

»Deine dich liebenden Eltern«

Doris Dörrie, die berühmte Regisseurin, Filmemacherin, Kinderbuchautorin und Professorin an der Filmhochschule in München, sagte in einem Interview, dass sie manchmal gerne zur Schule ging, aber oft auch nicht. Sie habe viel dummes Zeug gemacht, weil Sie sich eingeengt und gelangweilt gefühlt habe. So sprang sie einmal aus dem Fenster des ersten Stocks ihrer Schule und schockierte damit einen langweiligen Lehrer. Dafür bekam sie einen Verweis, den ihr Vater unterschreiben musste. Anstelle seines Namens hat er mit »dein dich liebender Vater« unterschrieben.[1]

Was für ein liebevolles, Rückgrat stärkendes, selbstbewusstes und Mut machendes Elternverhalten!

Nicht dass ich damit sagen möchte, Eltern sollten ihre Kinder dazu anregen, aus dem Fenster zu springen, wenn die Bedingungen nicht dem Kind entsprechen. Aber ein Verweis hilft nicht; es gilt, genau hinzuschauen und zu verändern, was einem Kind nicht guttut. Das Mädchen hat auf eine provozierend deutliche Art gezeigt, dass ihm etwas nicht guttut. Und wenn es nicht möglich war, darüber in Kontakt mit der Schule zu kommen, dann hat sicher die liebevolle, vertrauende Reaktion des Vaters mit dazu beigetragen, dass Frau Dörrie trotz der als einengend empfundenen Schule zu einer so selbstbewussten und erfolgreichen Frau geworden ist.

159

um größere Entscheidungen, wie bei der Schulwahl (siehe die Qual der Wahl, Seite 27), und im Alltag vor allem auch um die vielen kleinen Entscheidungen, bei denen wir mit unserer ganzen Person gefragt sind und reagieren müssen. Wir entscheiden täglich, was wir den Kindern erlauben, wo wir sie fördern und was wir ihnen vorleben. »Falsch« zu entscheiden gibt es also jede Menge.

Beherzigen Sie folgende Punkte, wenn Sie von zu großer Angst bestimmt sind, etwas falsch zu machen:

1. Eltern können sich darauf verlassen, dass sie eine innere Stimme in sich haben, die ihnen hilft, falsch und richtig für sich zu unterscheiden.

2. Es gibt viele Fälle, in denen es gar kein »Falsch« und kein »Richtig« gibt! Befragen Sie doch einmal zehn Menschen dazu, ob eine Mutter oder ein Vater ihrer 14-jährigen Tochter erlauben sollen, die Pille zu nehmen. Sie werden sicher nicht zehn verschiedene Meinungen hören, aber keineswegs werden alle zehn Menschen dasselbe richtig oder falsch finden. Es geht also darum, was *Sie* für »richtig« halten. Ihre eigenen Ansichten, Werte, Haltungen und die Einschätzung dazu, welche Fähigkeiten Sie Ihrem Kind zutrauen und wo das Kind noch Ihre Unterstützung braucht, werden – mithilfe Ihrer inneren Stimme – den Weg zeigen, welche Entscheidung im Moment für Sie die richtige ist.

3. Und wenn sich tatsächlich hinterher einmal eine Entscheidung, ein Verhalten als falsch erweist? – Vollkommen normal. Schlagen Sie es sich gleich aus dem Kopf, dass Ihnen so etwas

---

Lösung kleiner PISA-Test: Deutschland lag auf Platz 13. Aus Europa lagen Finnland (1), Estland (5), Niederlande (9), Liechtenstein (10) und Slowenien (12) vor Deutschland.[2] Ist das nun sehr schlecht oder ganz gut? Was meinen Sie?

nie passieren wird. So ist manchmal das Leben. Es gibt keine fehlerfreien Menschen, und es gibt keine Erziehung, in der alles richtig läuft!

Es ist wichtig, dass wir unser Verhalten dem Kind gegenüber reflektieren und hinterfragen. Der Anspruch, alles jederzeit richtig machen zu wollen und immer perfekt zu sein, ist allerdings nicht zu erfüllen. Und das wäre auch nicht wünschenswert: Eltern, die immer nur ausgeglichen lächeln und pädagogisch richtig handeln, und Kinder, die immer pflegeleicht darauf reagieren und vielleicht noch aufs Wort »gehorchen«? Was für eine Maskerade, die leb- und lieblos am echten Leben vorbeigeht! So etwas gibt es nur in der heilen Werbewelt im Fernsehen. Jeder Mensch hat Ecken und Kanten und:

Kinder brauchen echte Menschen

Kinder brauchen Grenzen und Halt, aber ebenso brauchen sie Gelegenheiten, sich selbst zu entdecken. Dafür brauchen sie echte Menschen, von denen sie Resonanz und Rückmeldung über sich selber bekommen. Kinder erkennen, wie sie von ihren Eltern und Lehrern wahrgenommen werden. Sogar ohne Worte spüren sie, was wir ihnen zurückmelden, was wir ihnen zutrauen und was nicht. Denn bewusst oder unbewusst reagieren wir immer auf unsere Kinder.

Ihr Kind wird Ihnen absolut zutreffend sagen können, ob Sie es gut finden, dass es in seiner Freizeit Fußball spielt, sich mit der neuen Freundin trifft oder den ganzen Nachmittag damit verbringt, am Computer zu spielen. Es weiß genau, welche Dinge oder Eigenschaften Sie an ihm gut finden. Ihr Sohn registriert genau, ob und wie Sie in den verschiedenen Situationen nachfragen. Ihre Tochter sieht genau, ob ein Verhalten oder eine Äußerung wohlwollende oder kritische Blicke bei Ihnen hervorlockt, und interpretiert jedes kleine Minenspiel, auch dann, wenn Sie es selbst gar nicht bewusst bemerkt haben.

Um was auch immer es in Ihrem Alltag mit Ihrem Kind gerade geht: Es geht gar nicht, sich *nicht* zu verhalten. Auch nichts tun oder nichts sagen ist ein Verhalten.

Durch Ihre Resonanz, Ihre Reaktion auf sein Verhalten erhält Ihr Kind Antworten auf die Fragen nach dem Sinn und der Ordnung der Welt. Und dadurch findet es auch heraus, wer er oder sie selbst ist. Deshalb ist es so wichtig, dass Ihr Kind Sie als ganze, als echte Person erleben darf – durchaus auch mal mit mehr und mal mit weniger Selbstbewusstsein!

Und wenn alles zu viel wird, was dann?

Jede Mutter und jeder Vater kennt die Wirkung, die es auf unser Elterndasein hat, wenn es uns gerade nicht gut geht, wir überarbeitet sind oder andere Ereignisse im Leben uns negativ vereinnahmen: Dann fällt es uns schwer, gut für uns selbst zu sorgen. Und wir fühlen uns gar nicht mehr so sicher. In solchen Situationen haben wir auch weniger Verständnis für ein Kind, das schon wieder auf dem Nachhauseweg getrödelt hat, am Abendbrottisch schon das zweite Mal sein Glas umwirft oder schon wieder eine Benachrichtigung aus der Schule wegen nicht gemachter Hausaufgaben zur Unterschrift vorlegt.

Schnell ist dann ein negativer Kreislauf in Gang gebracht: Wir reagieren gereizt und wünschen uns in dem Moment einfach nur, dass das Kind sich doch bitte an alle Regeln halten, sich benehmen und unkompliziert funktionieren soll.

Wenn die gereizte Überreaktion so aussieht, dass dem Kind in voller Lautstärke vernichtende, demütigende Wörter um die Ohren fliegen, dass die Luft nur so bebt, dann wird es mit Türen knallender Flucht, einem niederschmetternden Weinanfall oder auch damit reagieren, dass es sich die Tränen verdrückt und sich zum Schutz verschließt.

In der Regel folgt auf solche eskalierende Situationen eine Kettenreaktion von schlechtem Gewissen. Manchmal auf beiden Seiten: beim Elternteil wegen der gereizten Überreaktion und darüber, seine miese Stimmung beim Kind abgeladen zu haben. Und das Kind hat schlechte Gefühle, weil es etwas falsch gemacht hat und sich gedemütigt und abgewertet sieht.

Und was dann? – Seien Sie nicht böse mit sich selbst, wenn Ihnen einmal so richtig was schiefgegangen ist. Reflektion ist gut, aber sich selbst innerlich fertig zu machen, weil Sie ausgerastet sind, das hilft nicht weiter.

Weiter hilft nach so einer Situation eher die Frage, was Sie tun können, damit sich alle Beteiligten wieder gut fühlen können. Und möchten Sie vielleicht etwas verändern, damit Sie sich auch in Zukunft besser mit solchen Situationen fühlen und besser damit zurechtkommen?

Eine Freundin hatte sich mal über ein halbes Jahr neben ihren Einkaufszettel einen kleinen Erinnerungszettel gehangen, auf dem stand geschrieben:»Nicht so schnell schreien. Vorher rausgehen.«

Wie sieht es mit einer Entschuldigung aus? Kinder fühlen sich ernst genommen, wenn wir uns ehrlich bei ihnen entschuldigen, falls wir uns daneben benommen haben. Sie können in der Regel gut damit leben, dass auch den Eltern nicht alles gelingt. Das hilft den Kindern sogar eher auch, zu einem liebevollen Verhältnis zu ihren eigenen schwächeren Seiten zu finden.

Ich kenne keine Menschen, die immer nur stark sind und dabei Mensch bleiben und nicht zur perfekten Maske mutieren. Selbstbewusstsein für Eltern ist also nicht mit Perfektionismus zu verwechseln. Wie das Wort schon sagt, hat es vielmehr damit zu tun, bewusst mit sich selbst und den eigenen Stärken und auch den Schwächen umzugehen.

Um das Vertrauen in uns selbst zu stärken, hilft es, uns die guten Seiten unseres Lebens mit den Kindern zu vergegenwärtigen. Würdigen Sie es ausführlich, dass und wie Sie es im Alltag meistens ganz gut hinbekommen, auch die vielen kleinen Dinge des täglichen Lebens positiv zu gestalten. Halten Sie aufmerksam Ausschau nach all dem, was Ihnen gut gelingt.

Seien Sie gut zu sich selber. Bewusst mit sich selbst gut umzugehen: Das ist die beste Basis für ein gutes Eltern-Selbstbewusstsein und für ein starkes Selbstvertrauen. Und damit können Sie auch Ihr Kind voller Vertrauen und gut auf seinem Weg begleiten. Verlassen Sie sich darauf: Sie können das!

Anmerkungen

Kapitel 1: Schule ist schön!

1 Jörg, Sabine und Kellner, Ingrid, *Der Ernst des Lebens,* Thienemann Verlag, Stuttgart, Wien, Bern 1996

2 Grunder, Hans-Ulrich: *Warum ist Schule doof?* In: Janssen, Ulrich und Steuernagel, Ulla, (Hg.): *Kinder-Uni,* Deutsche Verlags-Anstalt, Stuttgart/München, 8. Aufl. 2003, S. 184 f.)

3 ebenda, S. 185

Kapitel 2: Schule ist gut

1 www.unicef.at

2 Bundesamt für Statistik und www.unicef.at

3 Karlheinz Böhms Äthiopienhilfe: www.menschenfuermenschen.de/siteutilities/Jugendbereich/index.htm

4 Statistische Ämter des Bundes und der Länder, www.statistik-portal.de

5 Autorengruppe Bildungsberichterstattung, *Bildung in Deutschland 2008,* Berlin/Frankfurt am Main, 12. Juni 2008

6 Kahl, Reinhard, *Treibhäuser der Zukunft,* Archiv der Zukunft, Hamburg 2004, 3. überarbeitete Auflage 2006, S. 104 f.

7 ebenda, S. 104 f.

Kapitel 4: Für das Leben lernen

1 Sprenger, Reinhard, *Mythos Motivation. Wege aus einer Sackgasse,* Campus Verlag, Frankfurt am Main/New York, 18. Auflage 2007

Kapitel 5: Besser lernen: Mit Herz und Verstand

1 Psychologie heute, Mama hört zu!, Dagmar Knopf, 06/2008

2 ebenda

3 Robert Stickgold, Neurologe an der Harvard Medical School, Boston, zitiert in: Welt der Wunder, Heft 7/08, S. 28

4 In Anlehnung an Luise Reddemann und Andere. Reddemann, Luise, *Imagination als heilsame Kraft,* Pfeiffer bei Klett-Cotta, Stuttgart 2001, 11. Auflage 2005, S. 35

Kapitel 6: »Hast du deine Hausaufgaben schon fertig?«

1 Richtwert aus dem Erlass des Landes Niedersachsen: http://cdl.niedersachsen.de/blob/images/C636578_L20.pdf

Kapitel 7: Wer hat keine Angst?

1 Siegler, Ava, *Gemeinsam die Adoleszenz bewältigen*, Beltz Verlag, Weinheim/Basel/Berlin 2003, S. 107

2 Czermak, Barbara, FOCUS-SCHULE-Autorin, *Schulangst: Schreck lass nach*, in: Focus Schule Online, www.focus.de/schule/schule/psychologie/schulangst, 2008

3 Gebauer, Karl, *Klug wird niemand von allein. Kinder fördern durch Liebe*, Patmos Verlag, Düsseldorf 2007, S. 125

Kapitel 8: »Der Lehrer ist doof?«

1 Voss, Oliver, *Interview mit Schulreformerin Enja Riegel »Ich wollte die Revolution«*, SPIEGEL ONLINE, 13.07.2004

Kapitel 9: Pubertät ist, wenn Eltern und Schule schwierig werden

1 Willenbrock, Harald, *Hirnforschung Vorsicht: Umbauarbeiten!* in: GEO Wissen, Heft Nr. 41 Pubertät, Verlag Gruner + Jahr, Hamburg 2008, S. 27

2 Preuschoff, Gisela, *Von 12 bis 16. Abenteuer Pubertät*, PapyRossa Verlag, Köln 2004, S. 135

3 Willenbrock, Harald, *Pubertät. WARUM SIE SO SELTSAM SIND*, in: GEO, Heft 09/2005, Verlag Gruner + Jahr, Hamburg 2005, S. 144

4 Preuschoff, Gisela, a.a.O., S. 24

5 GEO Wissen, Heft Nr. 41, S.130–134, Art. *Distanzierte Nähe und viel Geduld*, gekürzter und neu bearbeiteter Text aus Bergmanns Buch *Disziplin ohne Angst*, Beltz Verlag, Weinheim und Basel 2007, dazu unbedingt auch das ganze Buch empfehlenswert: Bergmann, Wolfgang: *Disziplin ohne Angst*, Beltz Verlag, Weinheim und Basel 2007, Kapitel zu Pubertät, S. 129 ff.

Kapitel 10: Gute Schulreise mit klarem Ziel

1 Wieschowski, Sebastian, *Notenkosmetik statt Rettungslernen* in: SPIEGEL ONLINE, 10.05.2008

2 Riegel, Enja, *Schule kann gelingen! Wie unsere Kinder wirklich fürs Leben lernen*, Verlag Fischer, Frankfurt am Main 2005, 4. Auflage 2007, S. 135

3 ebenda, S. 143 f.

Kapitel 12: Sie können das!

1 Focus Schule, Heft 03/2008, S. 144

2 Magisnet.com, nach: SPIEGEL ONLINE, 4.12.2007

Literatur

Bergmann, Wolfgang: *Disziplin ohne Angst*, BeltzVerlag, Weinheim und Basel 2007

Bergmann, Wolfgang: *Distanzierte Näheund viel Geduld*, in GEO Wissen, Heft Nr. 41 Pubertät

Bildungsberichterstattung Autorengruppe, *Bildung in Deutschland 2008,* Berlin/Frankfurt am Main, 12. Juni 2008

Böhm, Karlheinz, Äthiopienhilfe, www.menschenfuermenschen.de

Bundesamt für Statistik, www.statistik-portal.de

Czermak, Barbara, *Schulangst: Schreck lass nach,* in: Focus Schule Online 2008

Focus Schule, *Interview mit Doris Dörrie,* Heft 03/2008

Gebauer, Karl, *Klug wird niemand von allein. Kinder fördern durch Liebe,* Patmos Verlag, Düsseldorf 2007

Grunder, Hans-Ulrich: *Warum ist Schule doof?* In: Janssen, Ulrich und Steuernagel, Ulla, (Hg.): *Kinder-Uni.* Deutsche Verlags-Anstalt, Stuttgart/München, 8. Aufl. 2003

Jörg, Sabine und Kellner, Ingrid, *Der Ernst des Lebens,* Thienemann Verlag, Stuttgart/Wien/Bern 1996

Kahl, Reinhard, *Treibhäuser der Zukunft,* Archiv der Zukunft, Hamburg 2004, 3. überarbeitete Auflage 2006

Knopf, Dagmar, *Mama hört zu!,* in: Psychologie heute, 06/2008

Preuschoff, Gisela, *Von 12 bis 16. Abenteuer Pubertät,* PapyRossa Verlag, Köln 2004

Riegel, Enja, *Schule kann gelingen! Wie unsere Kinder wirklich fürs Leben lernen,* Verlag Fischer, Frankfurt am Main 2005, 4. Auflage 2007

Reddemann, Luise, *Imagination als heilsame Kraft,* Pfeiffer bei Klett-Cotta, Stuttgart 2001, 11. Auflage 2005

Siegler, Ava, *Gemeinsam die Adoleszenz bewältigen,* Beltz Verlag, Weinheim/Basel 2003

Sprenger, Reinhard, *Mythos Motivation Wege aus einer Sackgasse,* Campus Verlag, Frankfurt am Main/New York, 18. Auflage 2007

Stickgold, Robert, Neurologe an der Harward Medical School, Boston, zitiert in: Welt der Wunder, Heft 7/08

Unicef, www.unicef.de

Voss, Oliver, *Interview mit Schulreformerin Enja Riegel „Ich wollte die Revolution",* Spiegel Online 13.07.2004

Willenbrock, Harald, *Pubertät. WARUM SIE SO SELTSAM SIND,* in: GEO, Heft 09/2005, Verlag Gruner + Jahr, Hamburg 2005

Willenbrock, Harald, *Hirnforschung Vorsicht: Umbauarbeiten!* in: GEO Wissen, Heft Nr.41 Pubertät, Verlag Gruner + Jahr, Hamburg 2008

Wieschowski, Sebastian, *Notenkosmetik statt Rettungslernen,* in: Spiegel Online, 10.05.2008

Lesetipps für Kinder und Eltern

Es gibt eine große Anzahl an guten Fachbüchern und Ratgebern zum Thema Schule. Einige dieser Bücher sind mir selbst als besonders hilfreich begegnet und bieten gute Impulse dafür, dass die *eine* Schulzeit Ihrer Tochter oder Ihres Sohnes eine *schöne* werden kann. Diese möchte ich Ihnen zur weiteren Lektüre hier empfehlen:

Lesetipps für Kinder

Bröger, Achim, *Nickel spielt Lehrerin,* Benziger Edition im Arena Verlag, Würzburg 1993
Nickel hatte in der Grundschule erstmals einen richtig doofen Tag, weil die Lehrerin dauernd gemeckert hat. Beim Besuch von Herrn Simon hinter der geheimen Tapetentür tauscht sie die Rollen, ist plötzlich die Lehrerin und denkt sich sehr spannende Aufgaben für ihre Lehrer, die jetzt ihre Schüler sind, aus. Am Ende stellt sie fest, dass das ganz schön anstrengend war, und überlegt, ob ihre echte Lehrerin sie morgens vielleicht nur aus Versehen angemeckert hat. Sie beschließt sie am nächsten Morgen danach zu fragen.

Grunder, Hans-Ulrich: *Warum ist Schule doof?* In: Janssen, Ulrich und Steuernagel, Ulla, (Hg.): *Kinder-Uni.* Deutsche Verlags-Anstalt, Stuttgart/München, 8. Aufl. 2003
Ob die Schule nun wirklich so doof ist, wie ihr nachgesagt wird, dieser Frage widmet sich der Erziehungswissenschaftler auf gut 20 Seiten dieses Sammelbandes, in dem verschiedene Forscher Rätsel der Welt erklären. Für ältere Schüler und Erwachsene beschreibt Grunder viele interessante geschichtliche Beispiele zu Bildung und Schule, auch aus anderen Ländern, erzählt von guten und schlechten Aspekten der Schule und schlussfolgert, dass die Schule an sich eine tolle Erfindung ist – auch wenn er der Halbtagsschule, wie sie in Deutschland üblich ist, eher ein schlechtes Zeugnis ausstellt.

Hentig, Hartmut, *Warum muss ich zur Schule gehen?,* Deutscher Taschenbuch Verlag, Reihe Hanser, München 2001
Warmherzig und kindgerecht erzählt Hartmut von Hentig seinem Neffen in Briefen von eigenen Schulerlebnissen und gibt ihm damit Antworten auf seine Frage, wozu es gut ist zu lernen und warum er eigentlich in die Schule gehen muss.

Jörg, Sabine und Kellner, Ingrid, *Der Ernst des Lebens,* Thienemann Verlag, Stuttgart/Wien/Bern 1996
Wenn ein Kind vor der Einschulung steht und Bedenken oder Ängste hat, was da wohl auf es zukommt, dann hilft diese kleine Geschichte.

Lese-Tipps für Eltern

Bergmann, Wolfgang: *Disziplin ohne Angst,* Beltz Verlag, Weinheim/Basel 2007
Ein Buch, das ich wegen seiner wohltuend positiven Grundhaltung gegenüber Kindern und Eltern besonders empfehlen möchte. Hier geht es darum, wie wir den Respekt unserer Kinder gewinnen und ihr Vertrauen nicht verlieren.

Gebauer, Karl, *Klug wird niemand von allein. Kinder fördern durch Liebe,* Patmos Verlag, Düsseldorf 2007
Der erfahrene Pädagoge erklärt anschaulich anhand vieler Beispiele aus seiner jahrzehntelangen Erfahrung als Lehrer, dass Liebe und Zuwendung Kinder klug macht. Neue Erkenntnisse aus der Bindungs- und Hirnforschung unterstreichen, dass Bildung und Erziehung eng mit unseren Gefühlen zusammenhängen und dass eine anregende, freundliche und wertschätzende Atmosphäre das A und O für gelingende Lernprozesse ist. Der Autor erläutert, was Eltern und Lehrer tun können, um Kinder so zu fördern, dass ihre natürliche Neugier erhalten bleibt.

Heidereich, Dr. Rolf / Rohr, Gerhart, *Ohne Angst in der Schule,* Urania Verlag in der Verlag Kreuz GmbH, Stuttgart 2007
Die Autoren behandeln im Schwerpunkt die Schulängste der 6- bis 14-jährigen Kinder sowie die verschiedensten Ursachen und Symptome dafür, und sie geben Hinweise, wie Eltern und Lehrer kooperieren können, um Schulängste zu vermeiden oder zu überwinden.

Kahl, Reinhard, *Treibhäuser der Zukunft,* Archiv der Zukunft, Hamburg 2004, 3. überarbeitete Auflage 2006
Zwei sehr empfehlenswerte DVDs, inklusive Buch, in denen es um die Ziele von Schule und Bildung geht, viele eifrig arbeitende Kinder und Beispiele für gelungene Schulgestaltung gezeigt werden.

Lehmann, Ischta, *Motivation. Wie Eltern ihr Kind gut unterstützen können,* Deutscher Taschenbuch Verlag, Reihe: Leichter lernen mit Focus Schule, München 2008

Sie erfahren viel über Motivation und den Spaß am Lernen. Außerdem enthält das Buch einen Test, mit dem Sie und Ihr Kind erforschen können, wie motiviert Ihr Sohn oder Ihre Tochter ist.

Preuschoff, Gisela, *Von 9 bis 12*, PapyRossa Verlag, Köln 2001
Ein guter Elternbegleiter für die Zeit, in der die Kinder nicht mehr klein und doch noch nicht groß sind, Schulthema inklusive.

Preuschoff, Gisela, *Von 12 bis 16. Abenteuer Pubertät*, PapyRossa Verlag, Köln 2004
Hilft Eltern, das Abenteuer Pubertät besser zu verstehen; außerdem gibt es viele Beispiele, wie Eltern die unumgänglichen Reibereinen gelassener ertragen können, und geht dabei auch auf das Schulthema ein.

Riegel, Enja, *Schule kann gelingen! Wie unsere Kinder wirklich fürs Leben lernen*, Verlag Fischer, Frankfurt am Main 2005
Beeindruckende und lebendig geschilderte Erfahrungsberichte aus der Reformschule in Wiesbaden. Enja Riegel war von 1984 bis zu ihrer Pensionierung 2003 die Direktorin der Helene-Lange-Schule in Wiesbaden. Sie hat viele neue Ideen umgesetzt und erzählt sehr anschaulich über ihre Erfahrungen und darüber, wie sie es geschafft hat, dass ihre Schülerinnen und Schüler mit Spaß und Freude wirklich für das Leben lernten.

Siegler, Ava, *Gemeinsam die Adoleszenz bewältigen,* Beltz Verlag, Weinheim/Basel 2003
Das Buch erklärt die Besonderheiten in der Pubertät und bringt die Grundängste sowie die verschiedenen Gesichter der Pubertät zur Sprache.

Wer hilft bei welchen Problemen?
Adressen und Hinweise

Mit manchen Problemen möchten Eltern ebenso gerne wie die Kinder alleine zurechtkommen und daran wachsen. Das ist auch gut so, denn was wäre das Leben ohne Herausforderungen?

Doch wenn es im Zusammenhang mit Schule etwas gibt, was Ihnen oder Ihrem Kind große Sorgen bereitet, Sie nicht mehr ruhig schlafen lässt oder Ihre Gedanken ständig um dieses eine Thema kreisen, dann scheuen Sie sich nicht, Hilfe in Anspruch zu nehmen.

Bei vielen Fragen kann schon ein Gespräch mit Eltern, die ähnliche Probleme haben, oder das Lesen eines Buches entlasten und ermutigen und oft auch Lösungen bieten. Konnten Sie durch solche Hilfen Ihre Sorgen aber nicht bewältigen und ist keine Verbesserung eingetreten, dann quälen Sie sich nicht länger: Ziehen Sie eine Fachfrau oder einen Fachmann zu Rate. Sie brauchen keine Bedenken zu haben, dass Sie sich oder Ihrem Kind schaden können, wenn Sie Ihre Probleme außerhalb Ihres privaten Raumes zur Sprache bringen: Für alle Beratungsstellen gilt, dass Beraterinnen und Berater unter Schweigepflicht stehen. Das heißt, dass Sie das Gespräch mit Ihnen streng vertraulich behandeln werden. An keiner anderen Stelle werden die Berater, ohne dass Sie ihnen einen Auftrag dazu erteilt haben oder dass Sie eine Schweigepflichtentbindung gegeben haben, über Ihre Angelegenheiten reden.

Schulpsychologen:

Adressen der schulpsychologischen Dienste, die sich in Ihrer Nähe befinden, finden Sie unter www.schulpsychologie.de

Außerdem wird unter dieser Adresse sowohl für Eltern als auch für Schülerinnen und Schüler eine kostenlose Online-Beratung für alle Sorgen rund um das Thema Schule angeboten.

Erziehungsberatungsstellen:

Bei Erziehungsfragen und bei persönlichen oder familienbezogenen Problemen können Sie sich an eine Erziehungsberatungsstelle wenden. Unter www.bke.de finden Sie die Adressen der Beratungsstellen in Ihrer Umgebung.

Auch eine Onlineb-Beratung können Sie kostenfrei unter dieser Adresse in Anspruch nehmen, sie ist speziell unterteilt in zwei Zweige: einer für Eltern und der andere für Kinder und Jugendliche.

Bundesweite telefonische Nummer gegen Kummer:

Wenn Ihnen die Beratungsstelle zu weit entfernt erscheint oder es Ihnen leichter fällt, die Hemmschwelle, eine Hilfe in Anspruch zu nehmen, erst einmal auf diesem Wege zu überwinden, dann ist unter der folgenden Nummer eine telefonische Beratung kostenfrei möglich:

Für Eltern: 0800-111 0550
Für Kinder und Jugendliche: 0800-111 0333

Kinderschutzbund:

Neben örtlichen Beratungsangeboten bietet der Kinderschutzbund empfehlenswerte Elternkurse an: „Starke Eltern – Starke Kinder". Diese Kurse bieten die Möglichkeit sich über einen Zeitraum von acht bis zwölf Wochen einmal wöchentlich mit anderen Eltern auszutauschen, und haben das Ziel, Selbstbewusstsein zu fördern und Eltern zu stärken, damit sie auch in konfliktgeladenen Situationen den Familienalltag gelassener und souveräner meistern. Weitere Informationen unter: www.kinderschutzbund.de

Psychotherapie:

Wenn Ihr Sohn oder Ihre Tochter Ihnen Sorgen bereitet oder Sorgen hat, die sich nicht im Gespräch mit Ihnen oder der Schule lösen lassen, dann können Sie sich mit Ihrem Kind an einen Therapeuten wenden, der spezialisiert ist auf die Bedürfnisse und inneren Konflikte von Kindern und Jugendlichen. In eine Therapie Ihres Kindes werden Sie durch regelmäßige Elterngespräche einbezogen.

Bei Ihrer Krankenkasse können Sie nach Adressen von Kinder- und Jugendlichen-Psychotherapeuten in Ihrer Stadt fragen. Die Krankenkasse wird Ihnen eine Liste von zugelassenen Therapeuten schicken, die Sie anrufen können.

Wenn Sie entschieden haben, dass Sie eine Hilfe für sich oder Ihr Kind in Anspruch nehmen möchten, Sie sich aber um ein spezielleres Problem wie beispielsweise Legasthenie oder eine Essstörung bei Ihrem Kind Sorgen machen, beschäftigt Sie sicher die Frage, an welche Stelle Sie sich hiermit wenden können: Die oben genannten Einrichtungen werden Ihnen auch in dem Fall weiterhelfen, wenn Sie dort mit Ihrem Anliegen nicht sofort richtig sind. In jeder Stadt sind Aufgabengebiete und Arbeitsschwerpunkte von Institutionen etwas unterschiedlich verteilt und organisiert. Darüber können Sie natürlich nicht genau Bescheid wissen. Ihr Ansprechpartner wird Ihnen mit der für Sie passenden Adresse einer Fachperson für Ihre Frage weiterhelfen.

Hilfen und Anregungen aus dem Internet

Rund um das Thema Schule:

www.familienhandbuch.de

Dies ist ein Online-Handbuch mit sehr ausführlichen, kostenlosen Informationen zu allen Themen rund um das Familienleben, die Erziehung und auch zum Thema Schule gibt es sehr vielfältige Themenbereiche von Schulfähigkeit, Legasthenie und anderen Schulproblemen, Mobbing, Lern-Tipps bis hin zu der Frage, welche Schule richtig für Ihr Kind ist.

www.aktion-humane-schule.de

Aktion Humane Schule e.V. ist ein Verein, in dem Kinder, Eltern und Lehrer mitwirken können, eine bessere Schule zu schaffen. Auf der Internetseite gibt es eine Themenliste mit Links und Infos zu einigen Themen rund um die Schule: von Elternarbeit über Hausaufgaben bis Schulangst

Online Beratung für Menschen bis 21:

Das Angebot der www.kids-hotline.de wurde in 2008 mit dem Grimme-Online-Award ausgezeichnet und beinhaltet Foren-, Einzel- und Chat-Beratung für Jugendliche, den sie anonym und kostenlos in Anspruch nehmen können. Jugendliche schätzen die Anonymität einer Online Beratung. Im eigenen Umfeld den richtigen Ansprechpartner für ein Problem zu finden erscheint ihnen oft recht schwer. So bietet dieses Portal eine gute Möglichkeit, einen ersten Schritt über das Medium zu wagen, was weniger Angst macht. Es gibt Probleme, die sich besser im persönlichen Einzelkontakt lösen lassen; das geht natürlich nicht per Internet. Aber für Jugendliche, die sich über das Internet einmal getraut haben, Hilfe zu erfragen, ist der Weg zu einer persönlichen Beratung nicht mehr so schwer.

Bei Mobbing:

www.schueler-mobbing.de
bietet eine Menge an Informationen darüber, was man gegen Mobbing und Gewalt tun kann – seitens der Schule und der Eltern und sowohl für Opfer als auch für Täter.

Häusliche Gewalt:

www.gewalt-ist-nie-ok.de
Diese interaktive Webseite für Kinder und Jugendliche zum Thema häusliche Gewalt wendet sich wendet sich sowohl an Betroffene, in deren Familien häusliche Gewalt vorkommt, als auch an Kinder und Jugendliche, in deren Freundeskreis das passiert. Die Seite klärt auf und informiert über Hilfsangebote.

175

Kinder und Jugendliche können sich anhand von Beispielen Gedanken zu Gefühlen machen, auch dazu, was eine gute Art ist, zu streiten oder mit Wut umzugehen. Darüber hinaus gibt es für Eltern Informationen und für Lehrerinnen
und Lehrer Handlungsleitlinien bei Vermutung von häuslicher Gewalt.

Frauen- und Mädchenberatungsstellen:

Über die Seite www.bv.bff.de
bekommen Sie Adressen von Frauen- und Mädchenberatungsstellen in Ihrer
Nähe. Das ist die richtige Anlaufstelle, wenn Ihre Tochter oder Sie in irgendei-
ner Form von sexualisierter Gewalt betroffen sind, Sie nicht wissen, wie Sie mit
dem Problem eines übergriffigen Lehrers umgehen sollen, oder wenn Sie eine
fachliche Beratung bei Verdachtsmomenten benötigen. Die meisten örtlichen
Beratungsstellen können Ihnen auch weiterhelfen, wenn Sie Unterstützung bei
der Auswahl eines geeigneten Präventionsprojekts gegen Gewalt benötigen.